Markus Spieker
Gott macht glücklich
und andere fromme Lügen

GOTT MACHT GLÜCK-LICH

UND ANDERE FROMME LÜGEN

MARKUS SPIEKER

SCM Hänssler

SCM
Stiftung Christliche Medien

MIX
Papier aus verantwortungsvollen Quellen
FSC® C006701

SCM Hänssler im SCM-Verlag GmbH & Co. KG · 71088 Holzgerlingen
Internet: www.scm-haenssler.de; E-Mail: info@scm-haenssler.de

Umschlaggestaltung: Yellow Tree – Agentur für Kommunikation und Design; www.yellowtree.de
Titelbild: istockphoto.com
Autorenfoto: Eric Thevenet, ARD-Hauptstadtstudio
Satz: Satz & Medien Wieser, Stolberg
Druck und Bindung: CPI – Ebner & Spiegel, Ulm
Gedruckt in Deutschland
ISBN 978-3-7751-5504-5
Bestell-Nr. 395.504

Für Helmut
und alle anderen,
die mir Gott groß und lieb gemacht haben.

Was ist der Erde Glück? Ein Schatten!
Was ist der Erde Ruhm? Ein Traum!
Du Armer, der von Schatten du geträumt!
Der Traum ist aus. Die Nacht allein noch nicht.

Franz Grillparzer: Das Goldene Vlies

Inhalt

EINLEITUNG

ANSPRUCH: ICH – JETZT – ALLES

42.

Laut dem satirischen Science-Fiction-Roman »Per Anhalter durch die Galaxis« von Douglas Adams ist diese Zahl die Antwort auf »die Frage nach Leben, dem Universum und allem«.

Trifft sich gut.

Denn 42 Jahre alt bin ich selbst.

Das bedeutet: Halbzeit, jedenfalls gemessen an der durchschnittlichen Lebenserwartung.

Ich weiß mittlerweile ganz gut Bescheid. Ich habe schließlich in der Schule des Lebens gut aufgepasst und wahrscheinlich noch genug Zeit, mein Wissen anzuwenden. Für mich hat die zweite Lebenshälfte begonnen. Die Konsolidierungsphase, in der das, was man sich in der ersten Lebenshälfte aufgebaut hat, verwaltet, verfeinert und irgendwann losgelassen wird. Ich muss mich allmählich damit abfinden, nicht mehr auf dem aufsteigenden Ast zu sitzen, sondern froh zu sein, wenn der Ast unter mir überhaupt noch mein Gewicht trägt.

Und damit bin ich schon bei der Leitfrage dieses Buchs.

Was trägt überhaupt?

Mein ganzes bewusstes Leben lang bin ich Christ gewesen. Mein erstes Gebet, in dem ich aus meinem begrenzten Wortschatz – souffliert von meiner Mutter – eine Art Glaubensbekenntnis formulierte, habe ich mit drei Jahren gesprochen. Die Euphorie, die manche Neu-Christen dabei empfinden, wenn sie aus einer Haltung des Unglaubens heraus eine radikale Lebenswende hin zu Gott vollziehen, kenne ich nur vom Hörensagen. Ich nenne diese frühe Imprägnierung mit dem Glauben den »Obelix-Effekt«. Wer bereits als Kind im Zaubertrank der Jesus-Beziehung badet, wird nie die Magie des ersten Schlucks erleben. Der Vorteil des Obelix-Effekts: Er konditioniert das Hirn frühzeitig und kleidet den Glauben von vornherein in eine Aura der Selbstverständlichkeit.

Egal, was noch kommt:

Die Kirche, das heißt, das Miteinander mit anderen Christen, wird für mich immer Heimat sein. Und der Himmel wird immer mein Sehnsuchtsort bleiben.

Was nicht die theoretische Möglichkeit ausschließt, dass ich heimat- und ziellos werde.

Ich wäre nicht der erste Christ, dem das passiert.

Was geschieht, wenn die Antworten, die mir der Glaube gibt, nicht mehr zu den Fragen passen, die mir das Leben stellt? Wenn ich mir den Kopf darüber zerbreche, warum wieder einmal die Ehe eines christlichen Freundes zerbrochen ist – und die Erklärungsversuche der Pastoren sich anhören wie »42«: schlicht und unbefriedigend? Was hat Hiob davon, dass er Gott nach dem Grund für sein Leiden fragt – so lästerte der Schriftsteller George Bernard Shaw einmal – und Gott ihm antwortet: »Kannst du den Leviatan fangen?«

Oder stelle ich nur die falschen Fragen? Muss ich meine Erwartungshaltung korrigieren? Meine Glücksansprüche reduzieren? Hat Gott, wie manche Prediger suggerieren, tatsächlich einen wundervollen Plan für mein Leben? Oder gar keinen?

Oder nur einen wunderlichen?

Meine Heiligung zum Beispiel.

Ein merkwürdiges Wort, das nach schrulliger Askese klingt.

Was ist denn nun damit?

Bisher habe ich mir nicht sonderlich viele Gedanken darüber gemacht.

In meinen ersten zehn Lebensjahren war ich einfach nur da.

In meiner Teenagerzeit habe ich angefangen nachzudenken. Darüber, wer ich eigentlich bin.

In meiner Studentenzeit, die in meine Zwanzigerjahre fiel, bin ich in die Welt aufgebrochen, habe meinen Horizont erweitert und meinen Kopf mit Wissen gefüllt.

In meinen Dreißigern habe ich mich vom Lernen aufs Machen verlegt, auf die Karriere und auf das Ausleben meiner geistlichen Berufung. Ich habe mir meinen Platz an der Sonne gesucht, meinen Liegestuhl immer ein Stückchen weiter hin zum Meer verlegt.

Und jetzt?

Fängt die Besitzstandswahrung an. Verteidige ich mein Handtuch gegenüber denen, die sich drauflegen wollen. Passe ich auf, dass ich keinen Sonnenbrand kriege. Dass mich kein Tsunami wegschwemmt. Dass ich anderen dabei helfe, ihren eigenen Platz an der Sonne zu finden.

Ich bin in dem Alter, in dem sich die Grenzerfahrungen häufen, in dem deutlich wird, dass sich bestimmte Berufswünsche und Beziehungssehnsüchte nie erfüllen lassen werden. Mit Anfang vierzig ist klar, dass sich ein Tagtraum, dem ich seit meiner Teenagerzeit nachgehangen habe, nicht einmal theoretisch umsetzen lassen wird. Ich werde nie aufgrund eines genialen Probetrainings einen Vertrag bei Bayern München unterschreiben und werde nie im Champions-League-Finale kurz vor Schluss beim Stand von 0:2 eingewechselt. Ich werde mich nie in der vorletzten Minute vom eigenen Strafraum zum gegnerischen Tor durchdribbeln und den Anschlusstreffer erzielen. Ich werde nie in der letzten Minute eine Eckball-Flanke aufnehmen und das Leder aus dreißig Metern volley in den Winkel knallen. Ich werde nie in der letzten Minute der Nachspielzeit eine Ecke direkt ins Tor dreschen.

Schluss mit den kindischen Fantasien.

Ich möchte ein reifer Mensch sein.

Und ein Gottesmann.

Deshalb nervt es mich, wenn ich meine Gehirnkapazitäten nicht darauf verwende, einfach ein vorbildliches Leben zu führen, sondern stattdessen grüble. Ob meine Erfahrungen in mein

Weltbild passen – oder ob der neue Wein frischer Eindrücke die alten Schläuche meines Credos zum Platzen bringt.

Vielleicht ist das das Schicksal von Intellektuellen und solchen, die sich dafür halten. Das Reale und das Ideale permanent miteinander abzugleichen. Das ist schließlich eine Grundvoraussetzung für Weisheit: nichts absolut zu nehmen, sondern alles relativ zueinanderzusetzen. Muster zu bilden. Kontexte zu erkennen. Paradigmen zu entwickeln.

Sätze, die mich fuchsen, sind:

»Ist eben so.«

»Glaub halt einfach.«

Sorry, aber das kann ich nicht.

Für mich kommt nämlich erschwerend hinzu, dass ich Journalist bin.

Journalisten sind notorische Skeptiker. In keinem anderen Berufsstand ist der Anteil der Agnostiker und Atheisten so hoch. Das liegt nicht etwa daran, dass Zeitungsreporter und Fernsehredakteure einem zynischen Materialismus zuneigen und alles miesmachen wollen.

Im Gegenteil.

Sie wollen die Welt besser machen.

Den meisten meiner Kollegen kann ich attestieren, dass sie Idealisten sind. Sie haben eine Vorstellung von Perfektion und messen die Verhältnisse daran. Logisch, dass die Verhältnisse dabei meist schlecht abschneiden. Auch deshalb, weil der journalistische Spürsinn dafür sorgt, dass zu jedem Argument auch ein Gegenargument gefunden wird.

Wer viel von der Welt gesehen hat, der hat immer ein »obwohl«, »dennoch«, »gleichzeitig«, »trotzdem«, »andererseits« auf den Lippen.

Ich bin realistischer geworden – und weniger idealistisch.

Ist das nun eine gute oder schlechte Entwicklung?

Der sozialdemokratische Nachkriegspolitiker Kurt Schumacher hat den richtigen und wichtigen Satz geprägt: »Politik beginnt mit dem Betrachten der Wirklichkeit.«

Das mache ich selbst nun seit fast einem Vierteljahrhundert. Die Wirklichkeit betrachten. Erst als Historiker die der Vergangenheit. Dann als Reporter die der Gegenwart. Seit zehn Jahren arbeite ich als Hauptstadtkorrespondent fürs Fernsehen. Ich habe unzählige Experten interviewt, zahllose Konferenzen besucht und mittlerweile fast hundert Länder bereist. Zuletzt war ich in Asien unterwegs. Ich habe buddhistische, hinduistische und muslimische Zeremonien beobachtet. Und mich darüber gewundert, dass viele Rituale sich nicht sonderlich von denen unterscheiden, die ich in Kirchen mitverfolgt habe. Da wird Weihrauch verbreitet, werden Glöckchen geläutet, Kniefälle gemacht, Gebete gemurmelt, Anbetungsformeln gesungen.

Und immer schwingt da bei mir die Frage mit: Was macht den christlichen Glauben eigentlich aus bzw. so besonders?

Oder handelt es sich bei den Religionen, wie einige ihrer Kritiker betonen, um dieselbe Soße, die das fade Leben schmackhafter machen und den ätzenden Beigeschmack der Todesangst abmildern soll?

Fakt ist: Auch vielen Christen geht es dreckig, und manche Christen machen selbst schmutzige Sachen.

- Ein Freund, den ich für seinen Missionseifer bewundert habe, hat für eine neue Partnerin seine Familie verlassen.
- Der Vater einer Freundin, der als Pfarrer viele Menschen zum Glauben geführt hat, hat sich in einem depressiven Anfall mit dem Messer aufgeschlitzt und umgebracht.
- Der Sohn des Megakirchen-Pastors und Bestseller-Autors Rick Warren, der Millionen von Menschen zu einem »Leben mit Vision« geführt hat, tötete sich ebenfalls selbst.

- Drei meiner christlichen Freunde sind in den letzten Jahren an Krebs gestorben. Sie alle waren unter vierzig. Zwei von ihnen hinterließen einen Ehepartner und kleine Kinder. Sie haben tagelang vor Schmerzen geschrien, bevor ihre Organe den Dienst einstellten. Tausende von Menschen hatten für sie gebetet. Ich stelle mir sie und ihre Ehepartner vor, wie sie mit bangen Gesichtern vor dem Arzt sitzen und er ihnen eröffnet: Es sieht nicht gut aus; der Tumor ist gewachsen; wir können es jetzt noch einmal mit Chemo versuchen, aber ... Wie unendlich weit weg müssen sie sich in solchen Momenten von Gott und seiner liebevollen Fürsorge fühlen?
- Gerade wurde bei einer weiteren Freundin und Mutter ein offensichtlich unheilbarer Krebs diagnostiziert. Wieder werden Gebetskreise ins Leben gerufen. Wieder stellen wir uns trotzdem darauf ein, dass der Krebs sich weiterfrisst.

Noch weitaus größer ist die Zahl der Menschen, die jeden Tag für eine geistliche Erneuerung in Deutschland beten. Aber das spirituelle Siechtum verschlimmert sich nur. Die vielen Gemeinde-Start-ups, die vorzugsweise in coolen Metropolen gegründet werden, verschleiern das kirchliche Massensterben in der Fläche.

Laut einer Meldung der Katholischen Nachrichtenagentur kommen auf jeden Angestellten der katholischen Kirche nur drei Menschen, die regelmäßig in die Kirche gehen. Bei der evangelischen Konkurrenz ist das Verhältnis von Kirchen- und Diakonie-Angestellten zu Gottesdienstbesuchern nahezu 1:1. Ich habe laut geächzt, als ich die Statistik gelesen habe.

Da hilft kein zweckoptimistisches Beschönigen der Lage. In Deutschland glauben immer weniger Menschen an die Existenz Gottes und noch weniger daran, dass sie ihr Leben nach ihm ausrichten sollten. Die bekennenden Christen verkümmern von einer beträchtlichen Minderheit zu einer randständigen Splittergruppe. Trotz aller frommen Verbände, die die positive Veränderung der Gesellschaft in ihre Agenden hineingeschrieben haben, geht der christliche Einfluss kontinuierlich zurück – in Westeuropa genauso wie in Nordamerika. Weil sich das öffentliche Leben nicht nach der Wahrheit richtet, sondern nach der Mehrheit.

So ist nun einmal die Welt, in der wir leben. Sie besteht, wie das ganze Universum, aus Masse und aus Energie. Leider kommen wir Christen nicht nur auf ziemlich wenig Masse, sondern wir produzieren auch ziemlich wenig Energie, nicht zuletzt an den Spitzen unserer Gemeinden und Verbände. Damit meine ich nicht die Generation, die in den letzten Jahren an den Schaltstellen gesessen hat. Sie erscheint vielen Nachgeborenen zwar als zu konservativ, zu provinziell, zu bieder – und manchmal sind ihre Vertreter es auch. Dabei wird übersehen, dass es sich bei vielen Leitern von christlichen Werken um echte Pioniere handelt, die eine beachtliche Aufbauarbeit geleistet haben.

Diejenigen, die nun an ihre Stelle rücken, sind oft geschmeidiger und eloquenter. Sie bloggen, twittern, können Salsa tanzen, Cocktails mixen und alle Episoden angesagter Kult-Fernsehserien wie »Dexter«, »Mad Men« oder »Game of Thrones« nacherzählen.

Aber werden sie ihre Schäfchen verteidigen, wenn die Wölfe kommen?

Auf einer großen Kirchenkonferenz in den USA habe ich einen Jungpastor getroffen, der vom »Time«-Magazin unter die hundert einflussreichsten Amerikaner gewählt worden war: Rob Bell. Er nahm an einer Podiumsdiskussion teil, parlierte witzig und charmant. Die Moderatorin fragte ihn danach, wovor er die größte Angst habe. Er kreuzte seine Beine, lehnte sich zurück und lächelte. Ich weiß nicht mehr, welche Antwort ich mir gewünscht hätte. Vielleicht: »Ich fürchte mich vor dem Tod.« Oder: »Ich fürchte mich davor, dass andere Menschen verloren gehen.«

Rob Bell sagte stattdessen: »Ich habe Angst davor, dass ich kein Risiko mehr eingehe.«

Kurz darauf habe ich dieselbe Frage einem meiner geistlichen Mentoren gestellt: ein erfahrener Prediger, seit fast einem halben Jahrhundert unterwegs im Auftrag des Herrn. Er antwortete spontan: »Dass ich Gott seinen Ruhm streitig mache.«

Das hat mich beeindruckt.

Auch, weil ich innerlich oft näher bei Rob Bell und anderen selbstbewussten und ein wenig selbstverliebten Macher-Christen bin.

Schließlich gehöre ich genauso zu der Spezies ultramoderner Menschen, die einen Großteil ihrer Zeit nicht damit zubringen, sich um das Wohl anderer zu sorgen, sondern am aufgeräumten Schreibtisch über mich selbst zu reflektieren. Ja, ich möchte gerne geistliche Verantwortung übernehmen. Aber noch lieber möchte ich eine Million Bücher verkaufen, mir von dem Erlös ein Strandhaus im kalifornischen Malibu kaufen und dort weiterschreiben – darüber, wie wir Christen die Welt verändern können.

Dabei läuft längst ein Transformationsprozess.

Leider in die falsche Richtung.

Die Welt wird nicht christlicher.

Aber die Christen werden weltlicher.

Neulich war ich zu Besuch in einer neu gegründeten Gemeinde, die für die Vielzahl ihrer U30-Mitglieder bekannt ist. Davon fehlten an diesem Sonntagmorgen jedoch viele. Sie waren zu einem säkularen Rockfestival gefahren.

Ich sag ja nichts.

Hab ich ja selbst schon gemacht.

Noch vor ein paar Jahrzehnten wäre es undenkbar gewesen, dass bekennende Christen sich so verhalten.

Heute geht irgendwie alles und gleichzeitig doch nicht. Kein Masterplan in Sicht, außer dem, sich irgendwie als Christ durchzuwurschteln. Aber wohin, wenn kaum noch einer weiß, wo vorne und wo hinten ist?

Christen sind eben auch nur Menschen, und Menschen neigen dazu, das zu glauben, was ihnen bessere Gefühle beschert. Schöne Lügen sind deshalb erfolgreicher als harte Wahrheiten. Und kaum eine Lüge ist weltweit erfolgreicher als die, dass es einen kausalen Zusammenhang gibt zwischen einem erfolgreichen, sorgenfreien, langen, glücklichen Leben und dem richtigen Glauben.

Dieses kindische Anspruchsdenken ist auch unter Christen verbreitet, nämlich die Annahme, dass Gott uns hier und jetzt glücklich machen will – und zwar gemäß unserer eigenen Vorstellungen von Glück.

Wenn wir ihn nur lassen.

Die einen lassen sich eher von materialistischen Glücksvorstellungen leiten. Sie denken an eine solide finanzielle Ausstattung, ein abbezahltes Haus und mindestens eine Fernreise pro Jahr. Die anderen folgen post-materialistischen Vorstellungen von Selbstentfaltung und Aufgehobensein in einer fröhlichen Gemeinschaft. Im Vordergrund steht aber bei beiden Gruppen der Wunsch, die eigenen Lebensentwürfe von Gott absegnen zu lassen. Gott als Wunscherfüller, als Coach, als Therapeut. Dabei geht es beim christlichen Glauben doch darum, dass *wir* uns in die Entwürfe einfügen, die Gott für uns hat – und die womöglich nicht sonderlich spaßig sind.

Um keine Missverständnisse aufkommen zu lassen: Ich bin nicht etwa depressiv gestimmt, noch nicht einmal melancholisch. Ich behaupte von mir: Ich bin glücklich. Ich bin gesund, ich habe einen großartigen Job, nette und spannende Kollegen, tolle Freunde, vor allem eine phänomenale Familie. Und ich bin Gott dankbar dafür.

Aber ich führe meine relative Sorgenfreiheit nicht auf meine geistliche Leistung und meine theologische Ausrichtung zurück. Viele Christen, die ich in Indien und Laos getroffen habe, zahlen einen viel höheren Preis für ihren Glauben, ohne dass sie dafür einen materiellen Gegenwert bekommen. Sie sind froh, wenn sie für ihre Überzeugungen nicht drangsaliert werden und wenn sie den Karrieresprung vom Fahrradrikscha-Chauffeur zum einfachen Taxifahrer schaffen.

Neulich habe ich wieder eine Predigt gehört, in der ein Kausalzusammenhang von Gottvertrauen und Dolce Vita suggeriert wurde. Der Predigt lag ein Trostvers aus dem Buch des Propheten Jesaja zugrunde: »Gedenkt nicht an das Frühere und achtet nicht auf das Vorige! Denn siehe, ich will ein Neues schaffen, jetzt wächst es auf, erkennt ihr's denn nicht? Ich mache einen Weg in der Wüste und Wasserströme in der Einöde« (Jesaja 43,18-19).

Der Pastor leitete daraus die Verheißung beruflicher und beziehungsmäßiger Aufbrüche ab. Jetzt. Für alle. Zumindest alle, die kräftig glauben. Er erwähnte nicht, dass der Text sich an verarmte, deportierte, völlig demoralisierte Juden richtete, ungefähr ein halbes Jahrtausend vor Christi Geburt. Einige ihrer Nachkommen schafften es tatsächlich, aus dem Exil zurück in ihre Heimat zu kommen. Dort warteten sie auf die Erfüllung der Verheißung, während sich die Großmächte abwechselten, die sie drangsalierten: die Babylonier, die Perser, die Griechen, die Römer. Die Juden dagegen warteten auf die Vernichtung ihrer Feinde, die Wiederherstellung alter Stärke, ja den Triumph über die Nachbarvölker.

Sie warteten vergeblich.

Erst ihre Ur-Ur-Ur-Ur-Ur-Ur-Ur-Ur-Ur-Ur-Ur-Ur-Ur-Ur-Ur-Ur-Ur-Ur-Urenkel erlebten die Einlösung der Verheißung. Aber anders als sie erwartet hatten. Sie kriegten keinen Wohlstand. Keinen Frieden.

Sie kriegten Jesus.

Wobei: Die meisten der damals lebenden Juden kriegten das noch nicht einmal mit.

Stattdessen erlebten sie und ihre Kinder, wie ihr Land im Jahr 70 nach Christus in einem Vernichtungskrieg, der alle bisherigen Grausamkeiten übertraf, zerstört wurde. Historiker gehen von bis zu einer Million Toten aus.

Ich kann nachvollziehen, dass Pastoren sich selbst und ihren Gemeindeschäfchen solche heiklen Zusammenhänge lieber ersparen.

Dabei ist die Bibel voll von solchen Herausforderungen für unsere schlichten Gemüter.

- Da fristet Juda, der Stammvater des nach ihm benannten israelischen Stammes, ein ziemlich desolates Dasein. Er wird geboren als vierter Sohn von Jakobs ungeliebter Zweitfrau Lea. Er beteiligt sich am kriminellen Komplott, seinen Bruder Josef in die Sklaverei zu verkaufen. Seine zwei ältesten Söhne sind Taugenichtse, die von Gott getötet werden. Dann stirbt auch noch Judas Frau. Er sucht Trost bei einer Prostituierten. Kurz darauf wird seine verwitwete Schwiegertochter schwanger. Juda, der unglückselige Patriarch, will sie hinrichten lassen. Sie kehrt den Spieß um, outet sich als die Prostituierte, mit der er geschlafen hat und entlarvt Juda öffentlich als notgeilen Heuchler. Dann bricht über den Blamierten auch noch eine Hungersnot herein. Und was macht Gott? Er wählt nicht den genialen Josef noch dessen jüngeren Bruder Benjamin noch den erstgeborenen Ruben aus. Er bestimmt Juda, diesen notorischen Versager und Pechvogel zum Begründer der messianischen Segenslinie. »Du bist es«, segnet ihn der alte Jakob kurz vor seinem Tod: »Nur dir gehören Thron und Zepter. Dein Stamm wird stets den König stellen, bis der große Herrscher kommt, dem alle Völker dienen sollen.« Begründung? Keine.

- David, wenn er nicht gerade Lobpreislieder komponiert, schlachtet reihenweise unschuldige Philisterkinder ab, schläft mit mehr Frauen als Hugh Hefner und Rolf Eden zusammen und steht einer Sippe vor, die sich trashiger und jedenfalls mörderischer aufführt als die »Familien im Brennpunkt« auf RTL. Trotzdem erklärt Gott ihn zu einem Mann »nach seinem Herzen«.
- Manasse, der boshafteste aller israelitischen Könige überhaupt, hat die längste Regierungszeit von allen. Sein Enkel Josia, der tugendhafteste aller Könige, stirbt, kurz nachdem er seine Reformen in Angriff genommen hat, die das Gesetz Jahwes wieder voll zur Geltung bringen sollten.

Das soll einer verstehen.

Kann man das überhaupt?

Ach, das Leben könnte so einfach sein.

Wenn der Glaube nicht wäre.

Aber auch so banal und hoffnungslos.

Ein Leben ohne Jesus, ohne Vertrauen auf liebevolles Getragensein und ohne Hoffnung auf ewiges Leben ist für mich nicht vorstellbar. Aber es wäre vermutlich weniger kompliziert.

Wer liebt, lebt intensiver, aber auch extremer und unvorhersehbarer.

Wer liebt, leidet.

Deshalb geht der Gott, der die Welt liebt, für sie ans Kreuz. Und deshalb kriegen die Menschen, die Jesus nachfolgen, zwar den Sündenballast abgenommen, aber neue Lasten auferlegt, neue Sorgen, neue Verantwortlichkeiten, neue Fragen. Sie ringen mit dem Missverhältnis zwischen dem, was sie erleben, und dem, was sie glauben.

Christsein heißt, überzeugt sein, dass der allgemeine Anschein trügt und dass das wahre Leben hinter den brüchigen Kulissen der sichtbaren Welt stattfindet.

Wer glaubt, ist gerade nicht der unkritische Abnicker, sondern im Gegenteil der Nonkonformist, der die Grenze der Endlichkeit überschreitet.

Wer Christ ist, der glaubt dreierlei:

Erstens: dass Gott da ist und sich in Jesus Christus offenbart hat.

Zweitens: dass das Konsequenzen hat. Nämlich die, die Jesus als doppeltes Liebesgebot formuliert hat (»Liebe Gott von ganzem Herzen und deinen Nächsten wie dich selbst«).

Drittens: dass am Ende alles gut wird.

Aber eben erst am Ende.

Bevor wir im Licht ankommen, müssen wir durch den Tunnel. Und der ist eng, schlecht beleuchtet und hat viele Nebengänge, die viel heller sind, aber in Sackgassen enden. Da verlaufen sich auch die klügsten Christen schon mal. Gerade die.

Der amerikanische Philosoph George Steiner hat ein ganzes Buch der Frage gewidmet »Warum Denken traurig macht«.

Mein Buch geht der Frage nach, warum das Nachdenken über den christlichen Glauben mitunter traurig macht. Und zwar unter anderem deshalb, weil unsere eigenen Ansprüche und die Wirklichkeit des Lebens so weit auseinanderklaffen. Aber auch, weil die Welt, aus der das Christentum kommt, und die Welt des 21. Jahrhunderts so fundamental anders sind.

Jesus, Augustinus und Luther lebten in einer Welt der Pflichten und Vorfestlegungen.

Wir leben in einer Welt der Verlockungen und Möglichkeiten.

Das führt in der geistlichen Praxis zu manchmal irrsinnigen Übersetzungsverrenkungen. Und zu Zweifeln. Und zu Traurigkeit. Und zu einem erheblichen Verlust an kreativer Energie.

Neulich habe ich an einer privaten Gesprächsrunde teilgenommen, in der christliche Führungskräfte darüber diskutierten, wie sie die Welt in eine bessere Richtung schubsen können. Am Anfang des Gesprächs sollte jeder der Teilnehmer sein aktuell wichtigstes Anliegen formulieren. Einer wünschte sich für Deutschland eine missionarische Offensive. Einer erhoffte sich eine Senkung der Abtreibungszahlen. Einer sagte, was die meisten anderen auch dachten, aber sich nicht zu sagen trauten: »Dass ich endlich weiß, zu wem ich mit meinen Glaubenszweifeln gehen soll.«

Allgemeines Kopfnicken.

Er sprach uns allen aus der Seele.

Wer glaubt, lebt in einem Zustand kognitiver Dissonanz zwischen dem Realen und dem Idealen. Unsere Gehirne mögen das nicht. Sie bevorzugen Schlüssigkeit. Sie strengen sich an, kognitive Spannung abzubauen.

Ich behaupte, dass das noch nie so schwierig war wie heute.

Das Leben in vorformatierten Schablonen ist zwar langweiliger, aber einfacher als die Existenz in der freien Wildbahn, in der man sich neuerdings nicht einmal des eigenen Geschlechts sicher sein kann.

Der Hunger ist in unseren Breitengeraden besiegt.

Dafür grassieren die Depressionen.

Die Welt ändert sich gerade in einem noch nie da gewesenen Ausmaß und Tempo. Der technische Fortschritt galoppiert, die globale Vernetzung schreitet immer weiter voran, und die moralischen Einstellungen ändern sich nicht, wie früher, im Takt von Jahrhunderten, sondern von Jahrzehnten, manchmal Jahren. Das Weltwissen explodiert – und die Fetzen fliegen uns um die Ohren. Das Phänomen »Mensch« wird von Soziologen, Neurologen, Biologen immer besser entschlüsselt. Wir kennen zwar die letzten Gründe für unsere Existenz und unser Verhalten nicht, aber sonst jede Menge.

Darauf müssen wir Christen irgendwie reagieren.

Nur wie?

Die eine Strategie besteht darin, das kritische Denken einzustellen, darauf zu beharren, dass, je nach Konfession, die Bibel eindeutig, die Kirche unfehlbar oder der Heilige Geist berechenbar ist und Unsicherheit letztendlich auf Unglauben hinausläuft.

Der andere Ausweg ist der nach draußen, heraus aus der Gemeinschaft mit Gott und den anderen Christen. Ich kenne Menschen, die sich irgendwann vom Glauben verabschiedet haben, weil er ihnen nicht mehr schlüssig erschien. Sie konnten ihre persönlichen Erfahrungen nicht in den Sinnzusammenhang einordnen, der ihnen von den Kanzeln gepredigt wurde. Sie hatten keinen Ort gefunden, an den sie mit ihren Zweifeln gehen konnten. Keiner erklärte ihnen, wie sie ihre Wahrheitsliebe und ihre Bibel- und Kirchentreue miteinander vereinbaren konnten. Nicht die Rebellion brachte sie von Gott weg, sondern die Resignation. Viele dieser Menschen sind hochtalentiert.

Sie fehlen uns.

Schmerzlich.

Mit diesem Buch will ich zeigen, wie man den Himmel behalten kann, ohne Realitätsverlust zu erleiden. Ich selbst stand nie kurz davor, meinen Glauben aufzugeben. Dabei kann ich für mich keine besondere charakterliche Stärke reklamieren. Ich bin wie alle Menschen. Von zwei Alternativen entscheide ich mich für die bequemere oder vielversprechendere. Gott hat es mir immer leichter und für mich lukrativer gemacht, bei ihm zu bleiben. Das liegt vor allem daran, dass er mich mit Freunden umgeben hat, die mir demonstriert haben, wie attraktiv das Christsein ist.

Die beste Kulturschöpfung aller Zeiten ist deshalb meiner Meinung nach die Kirche. Ich meine damit keinen bürokratischen Apparat, sondern die weltweite Gemeinschaft der Gläubigen, innerhalb, außerhalb und zwischen den kirchlichen Institutionen.

Der vielleicht schönste Gottesdienst, den ich je erlebt habe, fand an einem vierten Advent in Fernostasien statt. Im Anschluss an viele heidnische Feierlichkeiten, die ich auf einer Asienreise erlebt hatte, besuchte ich eine presbyterianische Kirche in Singapur. Die schlichte Dekoration, die vielstimmigen Choräle, die strahlenden Gesichter und die Rezitationen aus der Bibel rührten mich zu Tränen und erinnerten mich daran, warum ich Christ bin.

Nicht wegen der Argumente.

Sondern weil Gott sich mir offenbart hat. In Erkenntnissen, in Gefühlen, vor allem im Zusammensein mit anderen Jesus-Nachfolgern.

Glauben ist keine Vernunftsache.

Aber Denken hilft.

Vor allem denen, die nicht anders können und die sich nicht auf eine Insel gefühlter Glückseligkeit zurückziehen, sondern in den Dialog mit der Welt treten wollen.

Dieses Buch ist für Insider geschrieben. Für Nachfolger von Jesus Christus – also diejenigen, die sich nicht nur als Christen bezeichnen, sondern denen der Glaube besonders wichtig ist. Für alle, denen bei der Erwähnung von Jesus das Herz ein wenig höherschlägt oder die sich nach einer leidenschaftlichen Beziehung mit Gott sehnen. Nach Schätzungen von Religionssoziologen handelt es sich dabei um weniger als fünf Prozent der Bevölkerung. Diese will ich herausfordern, ermutigen, stimulieren.

Und provozieren.

Wer sich von diesem Buch eine Menge von »So-wird's-gemacht«-Appellen erhofft, wird enttäuscht werden. Ich appelliere dazu, die Bibel in die Hand zu nehmen und die Augen offen zu halten. Und ich möchte dazu verhelfen, eine bessere Sicht auf die wirklichen Verhältnisse zu bekommen.

Das wird an vielen Stellen Kopfschütteln und Stirnrunzeln verursachen. Denn wir alle bevorzugen ja eher solche Informationen, die sich in unsere Denkstrukturen einfügen und unsere Ansichten stützen.

Deshalb Vorsicht: Ich werde versuchen, einige überkommene Denkgewohnheiten zu durchbrechen.

Mit einem besonders schädlichen und kreativitätszerstörenden Glaubensmythos räume ich deshalb gleich jetzt auf:

Wer Jesus nachfolgt, ist mit dem Rest der Truppe nicht immer einer Meinung.

Es darf diskutiert, sogar gestritten werden.

Das Gefühl wächst durch Zuspruch.

Aber der Geist wächst durch Widerspruch.

Die Robustheit von Menschen und Institutionen zeigt sich darin, wie sie mit Kritik, Problemen und unvorhergesehenen Entwicklungen umgehen. Ich wünsche mir für die christliche Szene – innerhalb der verschiedenen Konfessionen und Denominationen, aber auch zwischen ihnen – eine respektvolle Diskussionskultur, die nicht in Beliebigkeit abdriftet, aber auch nicht an starrsinniger Rechthaberei scheitert.

Jesus selbst, das zeigen seine vielen Gespräche mit zeitgenössischen Theologen, war Kind einer lebhaften Diskussionskultur. Und auch in den urchristlichen Gemeinden, das zeigen die neutestamentlichen Briefe, wurde engagiert debattiert. Am Ende – wenn auch manchmal erst nach Jahrhunderten – setzte sich in der Regel die richtige Linie durch.

Man muss nur Geduld haben und das Wesentliche vom Unwesentlichen unterscheiden können.

Zum Glück sind wir Christen keine Hindus und glauben nicht daran, dass Kühe heilig sind.

Denn ich werde jetzt einige gedankliche Rindviecher schlachten.

Her mit dem Messer.

Mythos 1:

GOTT MACHT GLÜCKLICH

ODER: WARUM DIE SCHWERKRAFT AUCH FÜR CHRISTEN GILT UND IHNEN FLÜGEL ERST IM HIMMEL WACHSEN

Wenn man die Landkarte der Türkei vor sich liegen hat, sucht man die Stadt Nizäa vergeblich. Sie heißt heute Iznik und ist deshalb nur noch Theologen und Märchenfans ein Begriff:

Theologen, weil dort ein bekanntes Glaubensbekenntnis herkommt.

Und Märchenfans, weil dort der kleine Muck geboren wurde.

Ich habe das von Wilhelm Hauff verfasste Märchen als Kind vorgelesen bekommen und später die DEFA-Verfilmung von Wolfgang Staudte gesehen. Aber erst in letzter Zeit ist mir aufgefallen, dass sie wie kaum ein anderes Märchen das Dilemma der menschlichen Existenz beschreibt:

Der kleine Muck ist ein quietschfröhlicher Zwerg mit einem riesigen Kopf. Nach dem Tod seines Vaters, der ihn wegen seiner Hässlichkeit verachtet hat, wird er von den Verwandten aus dem Haus gejagt. Eingepackt in die viel zu großen Kleider seines Vaters macht er sich auf, »um sein Glück zu suchen«. Weil er so naiv ist, von der grundsätzlichen Fürsorglichkeit seiner Mitmenschen auszugehen, ist ihm nicht bange. Als er nach tagelangem Marsch die nächste Stadt erreicht, glaubt er, dass sich bald irgendwo eine Tür öffnen und eine Stimme sagen wird: »Kleiner Muck, komm herein und iss und trink und lass deine Füßlein ausruhen.« Aber die Türen bleiben zu. Er landet schließlich bei der kauzigen Katzenliebhaberin Frau Ahavzi und, nachdem die ihn abserviert hat, beim Sultan. Immer macht er die gleiche niederschmetternde Erfahrung. Er wird belogen, ausgenutzt und zu Unrecht bestraft. Erst einige fantastische Zufälle bescheren ihm das Glück, nach dem er sich ausgestreckt hat.

Die Geschichte des kleinen Muck ist unsere eigene. Genau wie er schleppen wir einen Kopf mit uns herum, der größere Träume enthält, als diese Welt befriedigen kann. Auch wir suchen nach dem Glück und verstehen darunter einen Ort, an dem wir ankommen und ausruhen können, umgeben von Menschen, von denen wir Barmherzigkeit oder sogar Zärtlichkeit erfahren. Leider begegnen wir unterwegs immer wieder Zeitgenossen, die uns mit Lügen und leeren Versprechungen in die falschen Häuser locken. Nachher finden wir uns ausgebrannt und desillusioniert auf der Straße wieder und fragen uns: Wo können wir einkehren? Wer nimmt uns auf? Wer meint es gut mit uns?

Das ist der sozialbiologische Imperativ, mit dem wir auf die Welt kommen: uns möglichst wonnevoll und schmerzfrei durchzuwurschteln. Möglichst lange und gesund leben, eine intakte Familie gründen und ein Haus bauen, in das es nicht reinregnet.

Nicht immer gelingt das, so wie wir es uns vorgenommen haben.

Dass im Leben überall Gefahr und Verführung lauern, ist an sich schlimm genug. Noch schmerzhafter ist die Erkenntnis, dass die Gefahr oft von Menschen ausgeht, die für sich in Anspruch nehmen, im Auftrag Gottes zu sprechen.

Besonders toxisch finde ich die Botschafter des sogenannten »Wohlstandsevangeliums«. Sie behaupten, dass Gott nicht nur einen Heils-, sondern auch einen Businessplan für unser Leben hat.

Ihre Message lässt sich in zwei Kerngedanken zusammenfassen:

Erstens: Gott will dafür sorgen, dass es uns nicht nur spirituell, sondern auch materiell gut geht.

Zweitens: Wir müssen Gott dabei helfen. Indem wir mehr spenden, mehr beten und uns mental neu konditionieren. Es handelt sich gewissermaßen um eine Kofinanzierung. Gott stellt uns ausreichend Mittel zur Verfügung. Wir müssen sie nur abrufen.

Es liegt also an uns.

Mit derselben Masche – nämlich: an die menschliche Eitelkeit und Kontrollsucht zu appellieren – triumphierte die Schlange im Garten Eden.

Heute wird die Irrlehre von der Selbstoptimierung nicht zuletzt von der Pseudo-Religionsgemeinschaft »Scientology« verbreitet. Deren Gründer L. Ron Hubbard, der sich vorher einige Zeit im Umfeld des Satanisten und Sexmagiers Aleister Crowley herumgetrieben hatte, trat 1948 an die Öffentlichkeit.

Vier Jahre später sorgte der New Yorker Pfarrer Norman Vincent Peale mit seinem Buch »Die Kraft des positiven Denkens« für Aufsehen. Dabei handelte es sich nicht wie bei Hubbard um die Scharlatanerie eines machthungrigen Querkopfs. Die Parallelen zwischen beiden Denksystemen sind dennoch unübersehbar.

Im Kern steht die folgende Botschaft:

Verscheuche die negativen Gedanken!

Du musst dir nur selbst vertrauen!

Du kannst es!

Nach wie vor werden diese autosuggestiven Appelle, in unterschiedlichen Dosierungen, von vielen Kanzeln und auf vielen Fernsehkanälen verkündigt. Insbesondere im Land, das sich das »Streben nach Glück« in die Verfassung geschrieben hat: den Vereinigten Staaten.

Die USA sind seit jeher ein ideales Betätigungsgebiet für Trash-Theologen aller Art, wie etwa in Mark Twains »Huckleberry Finn« oder Flannery O'Connors »Die Weisheit des Blutes« nachgelesen werden kann. Dass viele dieser frommen Dummschwätzer von sich und ihrer Botschaft überzeugt sind, macht die Sache nicht besser, sondern bedrohlicher. Denn das eigene Sendungsbewusstsein steigert die Überzeugungskraft der falschen Doktrinen.

Vor ein paar Jahren war ich in der Hochburg der geistlich verbrämten Abzocke zu Besuch. Das Hauptquartier von »Trinity

Broadcast Networks« (TBN) liegt in Florida, zwischen Disneyland und dem Einkaufsparadies »Fashion Island«. Hier, in Orange County, dem reichsten Bezirk der USA, wird das erfolgreichste christliche Fernsehprogramm der Welt produziert. Ich hatte schon mehrmals versucht, als Journalist hinter die Kulissen des Senders zu schauen, war aber jedes Mal abgewimmelt worden. »Wir sind von ihren Kollegen böse verbrannt worden«, lautete die Entschuldigung, die sich auf Berichte über Finanz- und Sexskandale bei TBN bezog. Jetzt unterstützte das amerikanische Außenministerium meinen Recherchetrip, und den Regierungsbeamten gelang tatsächlich, mir einen Interviewtermin zu verschaffen: nicht mit den exaltierten Besitzern von TBN, der schrillen Diva Jan Crouch und ihrem Cowboy-Ehemann Paul, sondern einem steifen Stellvertreter. Vorher wurde ich durch eine kitschige Indoor-Rekonstruktion der »Via Dolorosa« geführt. Ansonsten hatten sich die Architekten des riesigen Gebäudekomplexes weniger von Golgatha als von mittelalterlichen Vorstellungen des himmlischen Jerusalem inspirieren lassen. So viel Kunstgold wie bei TBN habe ich sonst nur bei der Weihnachtsdekoration des »KaDeWe« gesehen. Goldverziert war auch das Besteck, das mein Gourmet-Mittagessen verzierte, während mich ein dunkelhäutiger Kellner, der sich als ehemaliger Missionar entpuppte, bediente. Er schwieg devot, während der weißhäutige Vizechef mir die Erfolgsbilanz des Senders vortrug. Das Spendenaufkommen, von dem sich der Sender finanzierte, stieg angeblich permanent an. »Die Leute unterstützen uns, weil wir das Evangelium predigen«, versicherte mir der Manager. Nachdem ich mir ein paar Wochen lang das Programm von TBN angeguckt habe, wurde mir klar, dass damit nicht das Evangelium von Jesus Christus gemeint war. Eher das von Simon, dem Zauberer in der Apostelgeschichte, der den Jüngern das Rezept zum Wunderheilen und Geisttaufen abkaufen will.

In zahlreichen Sendungen, die von TBN ausgestrahlt werden und auch in Deutschland eine beträchtliche Fangemeinde haben, wird der Glaube als Transaktion beschrieben. Erst säen, vorzugsweise in Form von Kreditkartenüberweisungen, dann ernten – Gesundheit, Wohlstand, Ruhm. Die Botschaft von Kenneth Copeland, Benny Hinn und Konsorten lautet: »Wie du *mir*, so Gott dir.«

Etwas geschmeidiger und ohne den Ballast vieler Bibelstellen formuliert ein anderer Megakirchenpastor und Tele-Evangelist, nämlich Joel Osteen, seine Botschaft. Er predigt – ganz in der Tradition von Norman Vincent Peale – den totalen Optimismus, koste es, was es wolle, und sei es den gesunden Menschenverstand. Mit seinem Markenzeichen, dem blendend weißen Breitwand-Lächeln, verspricht er von den Umschlägen seiner Bücher garantiert zuverlässige Rezepte, »wie man sieben Tage in der Woche glücklicher sein kann«, »wie man seinen Alltag verbessert«, »wie man seinen Glauben aktiviert, seine Träume erreicht und in Gottes Gunst wächst«.

Nicht ganz so radikal und flankiert von durchaus vernünftigen Ansichten ist die Botschaft der weltweit erfolgreichsten Fernsehpredigerin, Joyce Meyer. Über den theologischen Gehalt ihrer Botschaft will ich an dieser Stelle nicht urteilen. Problematisch ist jedenfalls die anthropologische Hauptthese. Der Titel ihres größten Bestsellers ist Programm:

»Das Schlachtfeld der Gedanken: Gewinne die Schlacht in deinem Verstand.«

Mit anderen Worten: Unser Bewusstsein ist der Austragungsort eines Ringens zwischen guten und bösen, positiven und negativen, göttlichen oder satanischen Gedanken. Die primäre Realität existiert nicht draußen, in der Welt, sondern drinnen, in unseren Köpfen. Unsere Gehirne sind die Schaltzentralen der Geschichte. In einem anderen Buch verrät Joyce Meyer »zwölf

Strategien, um die Schlacht in deinem Verstand zu gewinnen«. Sie betont vorab: »Ich glaube von ganzem Herzen, dass unsere Gedanken uns führen und den Kurs unseres Lebens bestimmen.« Zu den von ihr aufgelisteten »Power-Gedanken« gehören:

- »Ich werde nicht in Angst leben.«
- »Ich lasse mich nur selten beleidigen.«
- »Ich bin zufrieden und emotional stabil.«
- »Ich bin selbstdiszipliniert und kontrolliert.«

Klingt gut.

Leider ist Joyce Meyer auf dem Holzweg. Denn Autosuggestion funktioniert nur sehr begrenzt. Tatsächlich wird unser Bewusstsein vor allem von unserem Unbewussten gesteuert, von Prägungen und unserem Umfeld. Und um das alles zu verändern, reichen keine Ansagen an sich selbst. Die vermeintliche Vernunft ist oft nur der Handlanger unserer tiefer liegenden Einstellungen. Es kommt nicht auf die richtigen Wünsche an, sondern auf die dahinterliegenden Gewohnheiten und den Charakter, der sich aus Gewohnheiten, Einstellungen, Erfahrungen zusammensetzt. Änderungen herbeizuführen ist ein sehr langwieriger Prozess. Wer die schnelle Abkürzung sucht, landet oft erst recht in der Krise.

Das amerikanische Intellektuellen-Magazin »Atlantic Monthly« hat unlängst die provozierende These aufgestellt, dass die christlichen Glückspropheten eine erhebliche Mitschuld an der amerikanischen Immobilienkrise tragen, die zur großen Weltfinanzkrise auswuchs. Sie hätten Zigtausende dazu motiviert, sich im Vertrauen auf Gott hoch zu verschulden, um mit dem Geld ihre Lebensträume zu realisieren. Viele verloren, nachdem die Immobilienblase geplatzt war, ihr Haus und ihre Rentenersparnisse.

Traurig aber wahr: Wenn Menschen die Wahl zwischen bitteren Wahrheiten und schmackhaften Lügen haben, bevorzugen sie instinktiv die zuckrige Unwahrheit.

Wir glauben in der Regel nicht, was richtig ist, sondern was wir glauben wollen. Je mehr Energie und Geld wir aufgewendet haben, um unsere Luftschlösser aufzubauen, desto weniger sind wir bereit, sie wieder abzureißen. Auch wenn uns längst das Abwasser bis zu den Knien steht.

Nur so lässt sich erklären, dass christlich drapierte Glücksverheißungen immer noch so viele gläubige Anhänger finden, vor allem in den Ländern, wo sie täglich ad absurdum geführt werden.

Am stärksten nachgefragt ist das Wohlstandsevangelium nämlich ausgerechnet in Afrika.

Als ich in einem christlichen Buchgeschäft in der namibischen Hauptstadt Windhoek die Regale abgeschritten habe, war ich schockiert darüber, beinahe ausschließlich Ratgeber von Wohlstandsevangelisten zu finden. Dabei reichte ein kurzer Spaziergang durch die bettelarmen Vorstadtsiedlungen aus, um sich davon zu überzeugen, dass die Happy-Go-Lucky-Lehre ins Leere geht – jedenfalls, wenn sie Glück von materiellem Wohlstand abhängig macht.

Damit will ich nicht pauschal alle pfingstkirchlichen und charismatischen Denominationen kritisieren, die in der südlichen Hemisphäre großen Zulauf haben. Vielfach gelingt es ihnen, die Menschen von abergläubischem Fatalismus zu befreien und sie aus destruktiven Kollektivzwängen herauszulösen. Der Glaube führt ja tatsächlich zu einer höheren Lebensqualität, wenn er etwa die Promiskuität und den Alkoholkonsum reduziert.

Reich und rundum gesund werden die Gläubigen in der Regel dennoch nicht.

Ist auch besser so.

Ich bin nicht der erste Tourist, der die Erfahrung macht, dass Armut nicht unbedingt schlechte Laune hervorruft. Jedenfalls erschienen mir die Menschen in armen Ländern wie Myanmar und Mosambik fröhlicher als die muffigen Zeitgenossen, an denen ich bei der Rückkehr auf dem Berliner Flughafen vorbeilief.

Die Weigerung, Leid und Entbehrung als normale Lebensaspekte zu akzeptieren, ist ein gesamtgesellschaftliches Problem. Die Zeitschrift »New Yorker« lästerte unlängst: »Mit Ausnahme des kaiserlichen Nachwuchses der chinesischen Ming-Dynastie und den Thronerben des französischen Ancien Régimes sind die heutigen Kinder die verwöhnteste Generation seit Beginn der Menschheit.«

Fatalerweise orientieren sich auch immer mehr kirchliche Angebote vor allem an den Bedürfnissen von Teenagern und solchen, die sich auch als Erwachsene noch so aufführen. Der Lobpreis muss vor allem »geil« sein, die Predigten »cool« oder »krass«, die Atmosphäre »chillig«. Der amerikanische Religionssoziologe Thomas Bergler hat eine Studie über die »Juvenalisierung der amerikanischen Christenheit« geschrieben. Er kommt zu dem Schluss, dass ein jugendlich-naives Christentum auf dem Vormarsch ist und dass viele heutige Christen davon ausgehen, dass Glauben »Spaß machen und Unterhaltung bieten muss«.

Ein Kollege von Bergler, Christian Smith, bezeichnet den Glauben der meisten amerikanischen Jung-Erwachsenen als »moralistisch therapeutischen Deismus« – das heißt: den Glauben an einen lieben Gott, der vor allem durch Moralvorschriften und Lebenshilfe real wird.

Diesen »Triumph des Therapeutischen« hatte bereits vor über dreißig Jahren der Soziologe Philip Rieff vorhergesagt. Er traf die folgende Unterscheidung »Der religiöse Mensch will errettet werden, der psychologische Mensch will erfreut werden.«

Kein Wunder, dass der renommierte Theologe und Pastor Eugene Peterson in seinen Memoiren die folgende tragische Bilanz zieht: »Die nordamerikanische Kultur bietet keine günstigen Voraussetzungen, um als Pastor seine Berufung zu leben. Männer und Frauen, die heute Pfarrer werden, stellen fest, dass sie einen Lebensweg eingeschlagen haben, der in den Zusammenbruch führt. Die Berufung des Pastors ist ersetzt worden durch die Strategien religiöser Unternehmertypen.«

Ich gebe zu: Diese Beobachtung ist nicht ohne Weiteres auf die deutsche Situation zu übertragen, wo die Landeskirchen ihren Pfarrernachwuchs vor andere, nicht unbedingt leichtere Herausforderungen stellen. Aber das Gift des Glücksevangeliums ist auch hierzulande in Umlauf.

Dagegen immun macht nur das Akzeptieren der Realität.

Nachdem es seit fast zweitausend Jahren Christen gibt und keine einzige Glaubenstechnik, die nicht schon ausprobiert wurde, führt an den folgenden Fakten kein Weg vorbei:

Bekennende Christen sind nicht oder nur unwesentlich gesünder, reicher, schöner und klüger als Nicht-Christen. Sie leben nicht länger, sie sterben nicht schmerzfreier, sie sind in den Listen der reichsten Menschen der Welt sogar unterproportional vertreten, ebenso unter den Oscar-Gewinnern und den Nobelpreisträgern. Die Gläubigen, die das Pech hatten, zur Zeit der Pest, des Dreißigjährigen Kriegs oder der beiden Weltkriege zu leben, hatten genauso große Chancen, dahingerafft zu werden wie alle anderen. Warum sollte es ihnen auch besser gehen als Jesus und seinen zwölf Jüngern? Von denen starben vermutlich elf einen unnatürlichen Tod. Die Liste der Christen, die in besonders engem Kontakt zu ihrem Schöpfer standen und dennoch von allerlei Wehleiden geplagt waren, ist endlos.

Paulus wurde das Privileg einer ekstatischen Gottesbegegnung zuteil – und zum Ausgleich mit einem nicht näher beschriebenen »Stachel im Fleisch« malträtiert, anscheinend, um ihn vor Überheblichkeit zu schützen. Luther litt unter Unterleibsschmerzen, Calvin unter Kopfschmerzen. Der Körper von Blaise Pascal war ein einziger Krankheitsherd. Kierkegaard war depressiv und gebrechlich. Dostojewski war ein suchtkranker Epileptiker. Ganz abgesehen von den über hunderttausend Christen, die derzeit für das Bekennen ihres Glaubens gefangen gehalten, gefoltert und ermordet werden. Ich frage mich, was in ihnen vorgeht, wenn sie bräsigen West-Christen zuhören, die ihnen versichern, man könne Ängste und Armut durch ein bisschen Gehirn-Stretching und die richtigen Gebetsformulierungen wegzaubern.

Dabei leistet die Bibel einer solchen Fehleinschätzung nun wirklich keinen Vorschub. Um das zu erkennen, muss man die Bibel allerdings lesen – und zwar richtig. Gott hat sich nicht in einer Anthologie von Regeln und Versprechungen offenbart – sondern in Geschichten. Deshalb geht in die Irre, wer sich seine Theologie aus einzelnen Versen zusammenstoppelt und nicht den Kontext in Augenschein nimmt. Dann ergibt sich nämlich das folgende ernüchternde, aber auch befreiende Bild:

Nicht der Erfolg ist die Regel, sondern das Scheitern.

Von Anfang an.

- Adam und Eva fallen beim ersten Test krachend durch.
- Der erste Sohn, Kain, wird zum Mörder.
- Der erste Stammvater Israels, Abraham, muss andauernd um Asyl betteln – und schickt aus Feigheit und Opportunismus sogar seine Frau quasi auf den Strich – und zwar wiederholt!
- Israel wird nicht zum leuchtenden Vorbild im Orient, sondern zum Betreuungsfall. Kaum haben die Hebräer das Gelobte Land eingenommen, reiht sich eine Panne an die nächste. Besonders drastisch geschildert wird das im Buch der »Richter«,

wo die Helden oft die größten Deppen sind und wo das fragile Staatsgebilde schließlich in der Anarchie versinkt: Kleidungsstücke werden angebetet, eine Massenvergewaltigung durchgeführt und das Opfer anschließend zerstückelt und in kleinen Häppchen durchs Land geschickt.

- Aber auch der Glaubensgehorsam führt nicht unbedingt zu dauerhaftem Wohlstand und Seelenfrieden wie die alttestamentlichen Bücher »Hiob«, »Prediger«, aber auch einige prophetische Schriften zeigen.

Im Verlauf der israelitischen Geschichte setzt sich die Einsicht durch: Für Menschen, die in Beziehung mit Gott leben, gilt nicht das Vergeltungsprinzip (Gehorsam = Glück; Ungehorsam = Unglück), sondern das Erlösungsprinzip. Die Rückkehr ins Paradies wird ins Jenseits verschoben.

Ohne diese Einsicht ist auch das Neue Testament nur schwer zu ertragen. Schließlich ist die erste Konsequenz der Geburt von Jesus nicht, dass auf einmal Weihnachtsgeschenke auf allen Dächern in Bethlehem liegen, sondern dass die dortigen Säuglinge abgeschlachtet werden.

Die Erfahrung von großem Leid trotz tiefen Glaubens machten auch viele der ersten Christen. Drastisch deutlich wird das im Brief eines anonymen Autors an die »Hebräer« – vermutlich eine aus jüdischen Christen bestehende Hausgemeinde in Rom zur Zeit des Christenschlächters Nero. Es kann davon ausgegangen werden, dass einige der Adressaten, kurz nachdem sie den Brief erhalten hatten, hingerichtet wurden. Sie werden ermutigt zur »Geduld«, zur »Zuversicht«, zum »Festhalten am Glauben« und zum »Vertrauen« auf Jesus – der aber gerade nicht schnelle Rettung liefert, dafür aber mit unserer Schwachheit mitleidet.

Gemeinschaft mit Jesus ist eben kein flottes Joint Venture, sondern ebenso Liebesbeziehung wie Leidensgemeinschaft. Gott spiegelt nicht einfach unsere Wünsche, und sein Reich passt sich nicht in den engen Horizont unserer Zukunftsvorstellungen ein.

Mit dieser Feststellung kommt man allerdings nicht auf die vorderen Plätze von christlichen Bestsellerlisten, auch nicht mit dem Hinweis darauf, dass es in der Bibel und der gesamten Kirchengeschichte nicht einen Wohlstandsprediger gibt, der heute noch als Vorbild gilt.

Es ist nicht lange her, da wurde eine obskure Passage aus dem Alten Testament als neues Erfolgsmantra von Zigtausenden ernsthaften Christen gemurmelt. Es handelte sich um ein Gebet, ausgesprochen von Jabez, einem Nachkommen des Stammvaters Juda, der irgendwann vor dem israelischen Exodus aus Ägypten gelebt hat und dessen Existenz in der zweitausendjährigen Geschichte des Christentums nicht bemerkenswert aufgefallen war.

Das Gebet lautet: »Segne mich doch und erweitere mein Gebiet! Sei bei mir in allem, was ich tue, und bewahre mich vor allem Kummer und Schmerz!« (1. Chronik 4,9-10; Neues Leben Bibel). Anschließend heißt es in der Bibel: »Und Gott erfüllte ihm seine Bitte.«

Leider gibt es keine Aufzeichnungen der Gebete, die von den anderen Israeliten zur damaligen Zeit formuliert wurden. Vermutlich gab es Zigtausende, die ganz ähnliche Wünsche an Gott richteten: »Gib mir ein größeres Zelt.« – »Schenk mir ein neues Kamel.« – »Tu was gegen meine Rückenschmerzen.« Und anders als Jabez kriegten sie von Gott nicht, was sie wollten. Das Erfolgsgeheimnis des Jabez war nicht sein Gebet, sondern die unkalkulierbare Güte Gottes – die sich auch darin zeigt, dass einige Menschen durch das krause Buch eine tatsächliche Lebensverbesserung erfuhren.

»Das Gebet des Jabez« wurde über zwanzig Millionen Mal verkauft und Wilkinson, ein bis dahin nicht sonderlich bekannter amerikanischer Prediger, wohlhabend. Ich habe ihn einmal live bei einem Auftritt in der südkalifornischen Megakirche »Saddleback« erlebt. Nachdem der Hype um sein Jabez-Buch abgeklungen war, promotete er seinen neuen Bestseller, in dem Gott als »Schöpfer unserer Träume« beschrieben wurde. Tenor: Unsere Wunschträume sind von Gott inspirierte Zukunftsvisionen, die auf ihre Realisierung warten. Wilkinson erzählte von einem Mann, der sich eine Filmkarriere erhoffte und, nachdem er Gott um die Erfüllung dieses Lebenstraums gebeten habe, auch tatsächlich groß herausgekommen sei. Später berichtete mir ein Freund, der ebenfalls ins Filmgeschäft einsteigen wollte, auch er habe Wilkinson von seinen Ambitionen erzählt. Der Prediger habe ihm daraufhin vor Zeugen gesagt: »Dein Traum ist heute in Erfüllung gegangen. Ich werde deinen Film höchstpersönlich produzieren.« Als mein Freund ihn kurz darauf kontaktierte, um den Deal perfekt zu machen, ließ Wilkinson ihn am Telefon abwimmeln. Mein Freund träumt immer noch vergeblich von seiner Filmkarriere.

Nicht viel besser erging es den Aids-Waisen in Swasiland, die Bruce Wilkinson aus ihrer Not befreien wollte. 2002 startete seine gut gemeinte, allerdings dilettantisch vorbereitete Hilfsaktion, 2005 endete diese schon wieder. Wilkinson hatte nichts erreicht und gab selbst zu, dass er auf der ganzen Linie gescheitert war. Das »Wall Street Journal« veröffentlichte einen hämischen Abgesang auf sein ambitioniertes Projekt mit dem Titel »Unerhörte Gebete«. Der Flop hinderte Wilkinson allerdings nicht daran, zurück in den USA, einen neuen Erfolgsratgeber zu veröffentlichen. Diesmal versprach er Geheimtipps für »vorhersehbare Wunder«. Immerhin hatten sich seine theologischen Marotten für ihn selbst ausgezahlt.

Eine fatale Kettenreaktion: Je mehr Anhänger ein Erfolgsprediger findet, desto mehr wird er selbst in seinem Erfolgsglauben bestärkt, desto überzeugender tritt er auf, und desto mehr Anhänger findet er. Irgendwann legt er (oder sie) den Erlös in neuen Immobilien, Jachten, womöglich sogar Privatflugzeugen an. Und schon haben die säkularen Medien ein weiteres Beispiel für die These, dass Kirchen nichts weiter sind als Abzockerbuden.

Das Problem der Selbstbereicherung in geistlichen Ämtern stellt sich allerdings weniger in Deutschland als in den USA – und dort ist die Akzeptanz gegenüber luxuriösen Exzessen von Top-Predigern nach wie vor groß. Ihre Fans himmeln sie ja gerade deshalb an, weil sie den Traum vom schönen Leben realisiert zu haben scheinen. Allerdings: Auch hier handelt es sich oft mehr um Schein als um Sein.

Es ist eine weitverbreitete Angewohnheit unter professionellen Glaubens-Optimisten, ihre volatilen Lebensläufe im Nachhinein zu stringenten Erfolgsgeschichten umzudeuten. Niederlagen werden nur dann erwähnt, wenn sie am Ende doch noch zu einem Happy End führen. Einem Meister des frommen Spins habe ich bei einer Glaubenskonferenz in Deutschland tagelang zugehört, wie er eine Gebetserhörung nach der anderen referierte. Er behauptete, dass unsere Träume bereits den Keim zu ihrer vollen Blüte in sich tragen und es nun an uns läge, sie kräftig zu begießen und Gottes Sonne darauf scheinen zu lassen. Als ich versuchte, mit ihm ins Gespräch zu kommen, wies er mich ziemlich brüsk ab. Seine Frau entschuldigte sich bei mir mit dem Hinweis darauf, dass ihr Mann schwer krank sei, geplagt von Geldsorgen, dass er unter einer großen nervlichen Anspannung stehe und überhaupt eine harte Zeit hinter sich habe. Mit anderen Worten: Er war ein Wrack. Seinen Zuschauern, die eifrig Notizen auf ihre Merkzettel kritzelten, präsentierte er sich aber als quasi fabrikneues Modell aus Gottes Wunderwerkstatt.

Ein entscheidender Nachteil des Glücksverheißungs-Evangeliums ist, dass es in der Regel das Gegenteil bewirkt.

Glücksgefühle stellen sich nämlich vor allem im Flow ein, also in einem Zustand selbstvergessenen Dahinfließens, wenn man einfach nur existiert und nicht darüber reflektiert. Das angestrengte Glücksstreben erschwert aber einen solchen Zustand. Wer sich damit abmüht, seine mentalen Prozesse zu beeinflussen, büßt die Leichtigkeit des Denkens ein und die Fähigkeit zur Selbstvergessenheit. Er bläht sein bewusstes »Ich« weiter auf, statt es, wie Jesus vorschlägt, zu reduzieren.

Es ist wie bei der Jagd.

Das Glück ist wie ein scheues Reh.

Wer ihm zu eifrig nachhechelt, verscheucht es erst recht.

Anders formuliert: Wer kleine Brötchen backt, wird satter. Die effektivste Art, sein Glücksniveau zu erhöhen, besteht immer noch darin, sein Anspruchsniveau abzusenken, das heißt: mit weniger zufrieden zu sein. Schließlich besteht das Kardinalproblem des Menschen darin, mehr zu verlangen, als ihm zusteht. Wohin das führt, zeigt die biblische Geschichte vom Sündenfall genauso wie der Märchenschatz der Brüder Grimm oder Wagners Ring der Nibelungen. Es ist stets die Gier, die in die Katastrophe führt.

Außerdem ist Glück relativ.

Menschen vergleichen sich nämlich unentwegt. Millionäre, die von Milliardären umgeben sind, fühlen sich arm. Wer also von der Kanzel permanent mit Erfolgsgeschichten traktiert wird, erfährt nicht eine Steigerung des Selbstwertes, sondern dessen Schwächung.

Dem Irrglauben an eine schlüssige Mechanik des Übernatürlichen fallen auch solche Christen anheim, die keinen Reichtum, sondern nur die Nähe Gottes und deren Erfahrbarkeit anstreben. Auch hier gibt es die Tendenz, das Nicht-Planbare irgendwie planbar zu machen – etwa durch Anleitungen zum prophetischen Reden.

Vorweg möchte ich betonen: Ich glaube, dass Gott zu uns durch andere Menschen spricht und ihnen manchmal Botschaften für uns übermittelt. Ich selbst habe von anderen Christen prophetische Worte mitgeteilt bekommen, die sich als sehr heilsam erwiesen haben.

Ich habe allerdings auch das Gegenteil erlebt – sinnfreies Gesülze, das ganz offensichtlich nicht göttlich inspiriert war und dennoch als Prophetie verkauft wurde.

In einem Jugendgottesdienst habe ich einmal einem zugereisten Pfingstprediger zugehört, der seine Zuhörer in die Kunst der prophetischen Rede einweisen wollte. Er schloss die Augen, konzentrierte sich und sagte schließlich:

»Irgendjemand unter uns ist krank und hat Schmerzen.«

Stille.

Der Spiritualitäts-Coach insistierte: »Jemand in diesem Raum leidet Schmerzen. Steh auf, wenn das auf dich zutrifft.«

Keiner bewegte sich.

Der Einpeitscher wurde unruhig: »Du, der du krank bist: Bitte melde dich!!!«

Endlich hob ein Teenager zaghaft seine Hand: »Ich habe Zahnschmerzen ...«

Der Gastprediger triumphierte: »Aha!«

»... gehabt.«

»Wann? Bis eben? Gestern?!«

»Letzte Woche.«

Der wackere Prediger merkte, dass er nicht wählerisch sein konnte, und stieß einen mitfühlenden Seufzer aus: »Dann wollen wir jetzt für dich beten.«

Einige der Jugendlichen kicherten.

Ich schüttelte den Kopf, stand auf und ging.

Nur zur Klarstellung:

Auch ich glaube an Wunder.

So wie ich an Lottogewinne glaube.

Beide, Wunder und Lottogewinne, sind selten und unvorhersehbar.

Ich bin auch überzeugt, dass Gott Gebete erhört. Nur nicht immer so, wie wir es wollen, sondern wie wir es brauchen. Weil Gott es gut mit uns meint, hat er nicht das Nahziel unserer guten Gefühle vor Augen, sondern das Fernziel unserer Heilig- und Seligkeit.

Ich halte überdies die Annahme für schlüssig, dass der christliche Glaube prinzipiell tatsächlich zu einer etwas höheren Lebensqualität führt, nicht zuletzt, weil er zu gesundheitlicher Selbstdisziplin animiert und zum Aufbau stabiler sozialer Kontakte führt.

Unterm Strich leichter wird das Leben der Christen allerdings auch nicht, da sie ja dazu verpflichtet sind, die Lasten ihrer Mitmenschen zu tragen.

Worum es wirklich im christlichen Leben geht, wird deutlich, wenn man zwei Paulusbriefe nebeneinanderhält: den Brief an die Gemeinde in Kolossä, ein Ort in der heutigen Türkei, und der gleichzeitig abgeschickte Brief an ein leitendes Mitglied der Gemeinde, den wohlhabenden Philemon.

Der Brief an die Gemeinde legt die theoretische Grundlage, der Brief an Philemon schildert die praktische Umsetzung.

Im Kolosserbrief definiert Paulus die Bedeutung von Jesus Christus, in dem »alle Schätze der Weisheit und der Erkenntnis ruhen« – allerdings sind diese Schätze »verborgen« und der Glaube überhaupt ein »Geheimnis«. Paulus betont: »Trachtet nach dem, was droben ist, nicht nach dem, was auf Erden ist.« Diese radikale Transzendenz führt aber nicht zur Weltflucht, wie der Brief an Philemon verdeutlicht.

Hier geht es nur ums eins: die Bitte von Paulus an den reichen Mitchristen, einen jungen Sklaven namens Onesimus nicht nur freizulassen, sondern freundschaftlich zu fördern. Beide Briefe hat Paulus übrigens im Gefängnis verfasst.

Was mich immer wieder aufs Neue verblüfft, ist die Kritiklosigkeit, in der manche geistlichen Führungspersönlichkeiten einfach die säkularen Höher-weiter-schneller-Leistungskategorien übernehmen.

Ich, jetzt, alles – das ist die Leitmaxime der heutigen Welt.

Egoismus. Ungeduld. Gier.

Der Journalist Frank Schirrmacher beklagt in seinem aktuellen Buch »Ego – Spiel des Lebens«, dass wir unsere kostbare Existenz zur Zockerveranstaltung degradiert haben. Er spricht von einem »ökonomischen Imperialismus«, von einem »Kalten Krieg im Herzen unserer Gesellschaft«, von einem »Markt- und Konsumtotalitarismus«. Der wertefreie Markt, der den Vorgaben eines zukunftsblinden Kapitalismus und der nackten Logik des Eigennutzes folgt, ist das Gegenprogramm zum Reich Gottes. Der Markt kennt nur Kosten und Nutzen, das Reich Gottes predigt dagegen die Liebe zu allen Menschen, die jeweils einen unendlich großen Wert haben.

An den Wohlstandspredigern und Glückspropheten fällt auf, wie affirmativ sie den herrschenden Verhältnissen gegenüberstehen und wie unreflektiert sie die Erfolgsmantras von Hollywood-Stars und Vorstandschefs nachbeten.

Wie passt das zu Jesus, der ausdrücklich die Schwachen, Ausgegrenzten, Inhaftierten und anderweitig Benachteiligten gelobt und ihnen seine besondere Nähe versprochen hat? Dessen schärfste Kritik sich an Raffzähne und Dünkelhafte richtete, denen er sogar mit ewiger Höllenstrafe drohte. Dazu passt, dass Wohlstand nicht zwangsläufig zu Freigebigkeit führt, im Gegenteil.

Wer viel hat, will noch mehr.

In den USA spenden die Super-Reichen nur etwas mehr als ein Prozent ihres Einkommens, während die Ärmsten immerhin drei Prozent für Kirchen oder wohltätige Zwecke opfern.

Zurück aber nun zur Ausgangsfrage: Macht Gott glücklich?

Wenn damit die Bereitstellung guter Gefühle durch messbare Erfolge gemeint ist, dann lautet die klare Antwort: Nein. Es gibt für Christen im Diesseits weder ein Anrecht auf ein süßes Leben noch eine Abkürzung dahin. Und das ist auch deshalb gut so, weil die größte christliche Tugend – die karitative Liebe, das tätige Mitgefühl – durch die Begegnung mit Leid und Tod aktiviert wird.

Warum ist das so schwer zu akzeptieren? Warum operieren Geistliche mit bibelfremden Geschmacksverstärkern?

Weil es funktioniert – leider.

Es ist wie bei der Ernährung: Menschen, vor allem Kinder, bevorzugen instinktiv das Süße, Fettige, Salzige, weil es den Geschmacksrezeptoren eine rasche Energiezufuhr verheißt. Dagegen kommen wir bei Früchten und Gemüsesorten, die etwas bitter schmecken, nur langsam auf den Geschmack, auch wenn sie sehr viel gesünder sind.

Auf die Glaubensverkündigung übertragen, heißt das: Zuckrige oder gepfefferte Lügen finden leichter Anhänger als bittere Wahrheiten.

Die falschen Glückspropheten nutzen noch eine andere menschliche Schwäche aus. Wir alle schenken spannend erzählten Anekdoten – vor allem solchen mit »Happy End« – mehr Glauben als abstrakten Daten.

Tatsache ist aber:

Für jeden Unternehmer, der sein ganzes Vermögen in ein riskantes Projekt gesteckt hat und damit zum Multimillionär geworden ist, gibt es Dutzende Geschäftsleute, die mit derselben Masche im Bankrott gelandet sind. Für jedes Drehbuch zu einem Oscar-gekrönten Film gibt es tausend Drehbücher, die überhaupt nie verfilmt werden. Es bringt nichts, sich aus den Biografien von Steven Spielberg, Steve Jobs, Warren Buffett oder dem Israeliten Jabez einzelne Erfolgsgeheimnisse abzuschreiben. Denn diese sind eingewoben in ganz unwiederholbare Lebensläufe.

Deshalb hat der amerikanische Verhaltensforscher Daniel Kahneman die folgende Regel aufgestellt:

Erfolg ist das Produkt von Talent und Glück.

Großer Erfolg ist das Produkt von Talent und unglaublich viel Glück.

Man könnte den Begriff Glück auch durch »Schicksal« oder »Gottes Vorsehung« ergänzen. Wir selbst haben jedenfalls nicht die Kontrolle darüber.

Das widerspricht den Interessen der inzwischen gigantischen Therapie- und Coaching-Industrie, deren Vertreter mit Seminaren und Büchern einen Milliardenumsatz machen. Sie versuchen uns deshalb hartnäckig mit der falschen Behauptung zu umschmeicheln, wir selbst könnten unserem Glück auf die Sprünge helfen. Bis die unglücklichen Klienten merken, dass sie trotz erheblicher Investitionen auch nicht viel weiter sind als vorher, haben sie sich schon so tief in die Denkmuster des Selbstheilungsmythos verstrickt, dass sie sich ein Leben ohne professionelle Beratung kaum noch vorstellen können.

Aus eigener Erfahrung weiß ich: Die Einschätzungen guter Freunde und Familienmitglieder sind oft alltagstauglicher als die Tipps von diplomierten Experten; außerdem machen sie weniger abhängig. Denn wer erst einmal verinnerlicht hat, dass seine eigene Persönlichkeit ein Problemfall und sein eigenes Hirn sein potenzieller Gegner ist, der hat sich für alle Zeit der Leichtigkeit beraubt, die echten »Flow« bzw. echte Glückseligkeit möglich macht.

In der seriösen Glücksforschung zeichnet sich schon seit einiger Zeit ein Paradigmenwechsel ab. Die alten Leitwissenschaften, die zur Konstruktion eines glücklichen »Ich« herangezogen wurden, geraten ins Hintertreffen. Die Antworten werden nicht mehr bei den Ökonomen und Psychologen gesucht, sondern bei den Biologen und Soziologen. Es kommt vor allem auf die Gene und die gesellschaftlichen Verhältnisse an, und die lassen sich weit weniger einfach steuern.

Leider ist diese Erkenntnis bei vielen Predigern und Therapeuten noch nicht angekommen, die ihre Zuhörer und Patienten deshalb weiterhin mit Ratschlägen aus der pop-psychologischen Mottenkiste verwirren.

Wozu aber ist der christliche Glaube überhaupt gut? Und warum sollen wir beten, wenn Zeit und Nutzen in keinem nachgewiesenen Verhältnis zueinander stehen?

Die amerikanische Anthropologin Tanya Luhrmann, die nach eigener Auskunft keiner bestimmten Religion angehört, hat den christlichen Glauben in einem einzigartigen Praxisversuch getestet. Mit dem wissenschaftlichen Ansatz der »teilnehmenden Beobachtung« schloss sie sich einer Vineyard-Freikirche an. Zwei Jahre lang besuchte sie Gottesdienste und Hauskreise, las in der Bibel, betete, traf sich zu seelsorgerlichen Zweiergesprächen. Anschließend schrieb sie darüber ein Buch mit dem Titel »Wenn Gott antwortet« und beschrieb darin das Phänomen des Glaubens. Worin unterscheiden sich Christen tatsächlich von ihrer Umwelt? Und wie kommen sie dazu, etwas für real zu halten, was weder fühl- noch sichtbar ist? Tanya Luhrmann kam zu den folgenden zwei Hauptergebnissen:

Erstens: Glaube ist anstrengend und kostet viel Energie. Es kommt beim Glauben nicht so sehr auf die richtige Einstellung an, sondern auf das richtige Verhalten. In Beziehung zum Allerhöchsten kommt man vor allem durch das beharrliche Einüben konkreter Gewohnheiten. Diejenigen, die viel beten, fühlen sich Gott viel näher als diejenigen, die sich nicht zu einem regelmäßigen Gebetsleben durchringen können. Die Autorin konstatiert: »Der Weg hin zu einem verbindlichen Glauben an Gott hat mehr damit zu tun, etwas zu erlernen, als etwas zu denken.«

Zweitens: Glaube führt nicht automatisch zu einer steileren Karriere und einer besseren Gesundheit, zumindest nicht bei den Gemeindemitgliedern, die Tanya Luhrmann beobachtet hatte. Dafür ermöglicht der Glaube eine ganz neue Dimension der Existenz: »Die Freundschaft zu Jesus wird zu ihrer eigenen Belohnung. Deshalb funktionieren Gemeinden wie die der Vineyard-Bewegung. Die Leute bleiben Gott nicht treu, weil ihnen die christliche Theologie sinnvoll erscheint, sondern weil die christlichen Praktiken gefühlsmäßig funktionieren. Deshalb sind es oft die Bitten, die nicht erhört werden, die das Gebetsleben insgesamt fruchtbarer machen.«

Am Ende ihrer Studie gestand die Autorin, dass sie sich zwar immer noch nicht als Christin bezeichnen könne, aber eindeutig erlebt habe, dass es eine spirituelle Welt, ja sogar eine höhere Macht gebe. Sie hatte erkannt: Glaube ist für ernsthafte Gläubige kein Instrument, sondern ein Wert an sich. Es geht um Gott und die Begegnung mit ihm – nicht um den vorzeigbaren Ertrag daraus.

Eugene Peterson vergleicht die Kommunikation zwischen uns Christen und Gott mit einem Restaurantbesuch. Vor uns ist ein reich gedeckter Tisch, um uns herum ein geschmackvolles Ambiente. Nun gibt es zwei Alternativen:

Entweder sitzt Gott als Herr, Freund, Gastgeber auf der anderen Seite des Tisches, und wir kommunizieren mit ihm – aus einer Haltung der Dankbarkeit und Sympathie heraus.

Oder an seinem Platz sitzt stattdessen unser triebgesteuertes Ego mit seinen Glückswünschen – und Gott soll sich mit der

Rolle des Kellners begnügen, der so richtig auftischt. Dass diese Konsumhaltung sich weder mit Liebe zu Gott noch mit Ehrfurcht vor ihm vereinbaren lässt, brauche ich nicht zu betonen.

Beim christlichen Glauben geht es ja gerade darum, sich von der Despotie des Egos und der Tyrannei des Augenblicks zu befreien. Reife Christen haben gelernt, die Welt nicht nur durch die eigene Brille zu sehen, sondern – so gut das eben geht – aus der Perspektive Gottes und der Mitmenschen.

Wer glaubt, hat nicht unbedingt das stress- und sorgenärmere Leben, aber das vollere. Insofern gleicht der Christ dem romantisch Liebenden. Wer in einer Liebesbeziehung ist, zieht daraus nicht nur neue Glücksmomente, sondern kämpft auch mit neuen Schwierigkeiten und verliert insgesamt vielleicht sogar die Unbeschwertheit des Single-Lebens. Trotzdem erscheint das Leben dem Liebenden meistens reicher und vollendeter als dem Ledigen. Glaube heißt: Gott und den Nächsten lieben um ihrer selbst willen, nicht als Mittel zum Zweck der eigenen Lustbefriedigung.

Wer sich von Gott die Erfüllung seiner 08/15-Erfolgssehnsüchte erhofft, ist ein Glaubensopportunist, den jede Lebenskrise aus der Bahn werfen wird.

Zu einem erwachsenen Glauben gehört die Einsicht, dass uns für das Leben auf dieser Welt nicht Sicherheit, Macht und Genussbefriedigung versprochen werden.

Stattdessen: Glaube, Liebe, Hoffnung.

Gerade das Leiden intensiviert oft unsere Beziehung zu Gott, weil es uns zur Kommunikation mit ihm drängt und die Hoffnung auf eine Erlösung in der jenseitigen Welt nährt.

An dieser Stelle höre ich einen nicht christlichen Freund sagen: »Ich kann diese ganze Leidensscheiße nicht mehr hören. Ihr Christen mit eurem Maso-Evangelium ...«

Das ist die andere und womöglich sogar weiterverbreitete

Fehlsicht des christlichen Glaubens: dass er sich geradezu in der Liebe zum Leid verwirklicht: Die Kleidung schwarz, die Mienen finster, die Musik in Moll. Dieses Klischeebild vom Christentum tritt uns auch heute noch in manchen Hollywoodfilmen entgegen.

Dabei sagt Jesus doch ausdrücklich: »Sorgt euch nicht um euer Leben« (Matthäus 6,25).

Und: »In der Welt habt ihr Angst. Aber seid getrost« (Johannes 16,33).

Paulus ergänzt: »Freut euch!« (Philipper 4,4).

Man muss nicht in die grinsgesichtige Schule des Positiven Denkens gehen, um zu der Erkenntnis zu gelangen, dass eine positive Lebenseinstellung erstrebenswerter ist als ein nöliger Negativismus.

- Ehen halten länger, wenn man beim Partner mindestens fünfmal so viele gute Seiten sieht wie schlechte.
- Firmenprojekte kommen eher voran, wenn man eher Chancen sieht als Risiken.
- Der Glaube ist schöner, wenn man Gott eher als liebenden Vater begreift denn als strengen Richter.
- Dankbare und zukunftsoptimistische Menschen sind zufriedener, gesünder und umgänglicher als grollende und ängstliche Menschen.

Das bedeutet allerdings nicht, dass wir unser gesundheitliches und finanzielles Schicksal durch das Befolgen bestimmter Glaubensregeln und Gedankenspiele beeinflussen können. Vielmehr sollte uns der Glaube zu einer größeren Gelassenheit gegenüber der Unvorhersehbarkeit des Lebens bringen. Dieser Glaube, der auf der Dankbarkeit für unsere schiere Existenz und unsere Erlösung durch Jesus Christus basiert, ist resilient und robust.

Hier liegt auch der entscheidende Unterschied zwischen Christentum und Buddhismus.

Beide – Jesus wie Buddha – predigten das Loslassen von materiellen Gütern und Sicherheiten. Aber Buddha versprach dafür nur das Nichts, das Nirwana. Jesus dagegen verheißt alles: das ewige Leben und die zweckfreie Liebe.

Eine realistische Erwartungshaltung wappnet auch gegen die Wohlstandsverluste, die in den nächsten Jahren und Jahrzehnten auf uns zukommen werden. Darüber können keine kurzfristigen Konjunkturerholungen hinwegtrösten: Wir stehen vor einem Zeitalter des Rückbaus, des Weniger, der verbissenen Wohlstandsverteidigung bei abnehmendem Wachstum. Das ergibt sich für Europa schon alleine aus den Gesetzmäßigkeiten des Geburteneinbruchs. Weil aber Menschen sich zwar mit wenig begnügen können, aber nur unter großem Zähneknirschen, wenn sie zuvor mehr hatten (Psychologen sprechen von »Verlust-Aversion«), werden die Verteilungskämpfe sehr ruppig werden.

Allmählich begreifen wir auch, dass die längere Lebenserwartung, die uns der medizinische Fortschritt beschert, nicht frei von Nebenwirkungen ist.

Leben wir tatsächlich länger als unsere Vorfahren?

Oder leben wir genauso lang und sterben nur länger, künstlich am Leben gehalten durch Apparate und Präparate?

Wir haben jedenfalls Grund zur Skepsis gegenüber der Selbstbeweihräucherung der modernen Wissenschaft und Wirtschaft.

Deshalb brauchen wir geistliche Führungspersönlichkeiten, die uns zur Bescheidenheit und Solidarität erziehen. Der Zukunftsforscher Harald Welzer spricht davon, dass wir »Widerstand gegen uns selbst« lernen müssen – nämlich gegen unsere überzogenen Ansprüche an das Leben. Aber auch gegen die Einflüsterungen der Werbewirtschaft, die neuerdings auf subtilste Weise über das Internet in unsere Köpfe kriechen.

Wir alle müssen lernen, unsere materiellen Ansprüche an Gott neu zu justieren, genau wie unsere Ansprüche an den Ehepartner oder den Staat. Besser, höher, weiter sind eben keine Erfolgskategorien für Christen, stattdessen: liebevoller, langmütiger, gottergebener.

Mir macht Mut, dass es immer mehr christliche Initiativen und Kirchen gibt, nicht zuletzt in den USA, die sich eher der Armutsbekämpfung als der Wohlstandsmehrung verschrieben haben.

Sie haben begriffen:

Mehr ist oft nicht mehr, sondern weniger.

Mehr Komfort bewirkt oft ein Nachlassen der Kreativität.

Mehr Sicherheit resultiert oft in einer Arroganz gegenüber Gott und den Mitmenschen.

Oft bringt uns erst das Scheitern zur Kurskorrektur und die Krise zur Einsicht.

Und die wichtigste Einsicht ist:

In dieser Welt ist auf nichts Verlass – außer auf Gott. Erfolg ist immer nur provisorisch.

Deutlich wurde mir dies, als ich vor Kurzem in Südkalifornien an der »Crystal Cathedral« vorbeigefahren bin. Zuletzt hatte ich sie in den Neunzigerjahren besucht. Damals galt die Megakirche mit der gläsernen Fassade als Symbol für ein breitschultriges Christentum, das nicht nur Gottvertrauen und Nächstenliebe, sondern auch Wohlstand verhieß. Auf der Kanzel stand Robert Schuller, ein Anhänger der Lehren von Norman Vincent Peale. Die Gottesdienste wurden weltweit als »Hour of Power« übertragen. Inzwischen ist Schuller pensioniert, die Gemeinde zerstritten und auf einen kleinen Kern zusammengeschrumpft, das Gebäude verkauft. Es zeigte sich: Der vorübergehende Erfolg war vom Charisma des Pastors abhängig gewesen und basierte nicht auf besonderen biblischen Erkenntnissen.

Dennoch bleibt eine Frage offen:

Wenn alle Menschen, wie der kleine Muck, auf die Glückssuche gepolt sind – ist es dann nicht legitim, bei Gott danach zu suchen? Macht Gott nicht vielleicht doch glücklich?

Meine Antwort:

Ja.

Aber auf seine Art.

So zum Beispiel:

Im Januar 2013 fand in Leipzig der »Kongress für christliche Führungskräfte« statt. Der Höhepunkt war der »Abend der Ermutigung«. Als Stargast trat eine Frau auf, deren Anblick zunächst einmal für Beklemmung sorgte, auch bei mir. Irmhild Bärend hatte eine Karriere als Macherin hinter sich. Sie gab eine Zeitschrift heraus, sprudelte vor Ideen, stand unter Strom, kannte nur den Vorwärtsgang. Bis ein Unfall dafür sorgte, dass sie vom Hals abwärts gelähmt war. Als ich dabei zusah, wie sie mit ihrem Rollstuhl vor das Mikrofon geschoben wurde, fielen mir die Worte meines nicht christlichen Freundes ein: »Schon wieder diese Leidensscheiße.«

Dann fing Irmhild Bärend an zu reden. Von der Dankbarkeit für jeden Atemzug. Von der Freude über das Leben. Sie sagte: »Ich habe mich entschieden, nicht auf das zu sehen, was nicht geht, sondern auf das, was geht. Und Freuen geht immer.«

Neben mir stand ein anderer hartgesottener Journalist – mit Tränen in den Augen, Tränen der Freude.

Ich dachte an die vielen vermeintlichen Erfolgstypen, die mir bei der Berichterstattung vor die Kamera laufen und die gehetzt und unzufrieden wirken.

Gott macht glücklich – aber auf die merkwürdigste Art und Weise. Und manchmal erst im nächsten Leben. Dann aber richtig.

Das manchmal schwer zu akzeptierende Faktum ist:

Die Schwerkraft gilt für alle und zieht alle hinunter – auch die Christen.

Der große Lastenabfall kommt erst hinter der Schwelle des Todes. Dann wird es uns so gehen, wie es sich der kleine Muck erträumt hat. Eine Tür wird aufgehen und eine Stimme wird sagen:

»Kleiner Muck, komm herein und iss und trink und lass deine Füßlein ausruhen.«

Bis dahin dürfen wir marschieren.

Mythos 2:

GOTT MACHT PROMINENT

ODER: WARUM FROMME STARS SCHNELL VERGLÜHEN ODER GAR NICHT ERST HOCHKOMMEN

Der Name »Jessica Simpson« wird bei den meisten Lesern ein Achselzucken auslösen.

Muss man die kennen?

Absolut nicht.

Dabei hatte ich ihr eine ganz große Karriere vorhergesagt: als Promi und Vorbild.

Schön blöd.

Vor fünfzehn Jahren habe ich Jessica Simpson in einem Zeitschriften-Artikel erwähnt, der mir heute noch peinlich ist. Es ging um Christen im Pop-Business, und die junge Texanerin wurde von mir als besonders glaubensstarke Newcomerin promotet. Die Fakten waren zu schön, um nicht wahr zu sein. Ihr Vater arbeitete als Baptistenpastor. Sie sagte, sie würde Jesus über alles lieben und wolle außerdem mit Sex bis zur Ehe warten. Braves Mädchen. Dabei sah sie unheimlich scharf aus mit ihrer Blondhaarmähne und dem XL-Busen. Singen konnte sie auch noch. »I Wanna Love You Forever« hieß ihre erste Platin-Single.

Hits hat sie in letzter Zeit keine mehr gehabt. Für Schlagzeilen sorgte stattdessen ihr turbulentes Beziehungsleben. Ihren Ehealltag breitete sie vor Millionen von Fernsehzuschauern in einer Reality-Show aus. Nach wenigen Jahren ließ sie sich scheiden. Von wegen »forever«. Anschließend hatte sie Affären mit Football-Stars. Von einem bekam sie ein Kind. Sie ließ sich hochschwanger und nackt fotografieren. Dabei versicherte sie, dass sie eine bodenständige Südstaaten-Christin und bis zur Hochzeitsnacht auch Jungfrau geblieben sei.

Wen kümmert's?

Leider kaum noch jemanden.

Ich hatte mit meinem vollmundigen Artikel ziemlich danebengelegen. Ich hätte lieber erst den weiteren Verlauf ihrer Karriere abwarten sollen, bevor ich sie zur Lichtfigur stilisierte. Meine Entschuldigung dafür ist: Ich war jung, dumm und brauchte den Glamour, auch wenn er nur aus zweiter Hand kam.

Wie alle Menschen konstruieren auch Christen ihre Identität durch Rückversicherung und Fremdbestätigung. Die Bekanntschaft mit Prominenten treibt unseren eigenen gefühlten Marktwert hoch, selbst wenn der Kontakt nur indirekt besteht. Weil Christen sich als Teil einer Glaubensfamilie begreifen, fällt der Erfolg jedes einzelnen Mitglieds positiv auf die ganze Gruppe zurück. Und wie alle Menschen mögen wir das, was bekannt und vertraut ist. Deshalb fühlen wir uns zu Menschen hingezogen, die unsere Leidenschaften teilen. Und welche Leidenschaft ist schon größer als die für Gott? Unser Interesse an Prominenten, die sich zu Jesus Christus bekennen, ist also nachvollziehbar.

Ich gebe zu: Jede Persönlichkeit, die in einem Interview die Signalwörter »Glaube«, »Gott« oder »Jesus« ausspricht, bekommt von mir instinktiv einen Sympathiebonus. Dann will ich eigentlich gar nicht mehr weiterrecherchieren und die Betreffenden lieber sofort in die Kategorie »Glaubensgeschwister« einsortieren. Schon alleine, weil damit für jede Menge Gesprächsstoff gesorgt ist: »Wusstest du eigentlich, dass die Christ ist?« – »Nein, wirklich?« – »Ich sag's dir! Kauf dir mal ihre neue Platte.« Wenn es schlecht läuft, wie bei Jessica Simpson, kann man den Gesprächsfaden bei späterer Gelegenheit wieder aufgreifen: »Wusstest du eigentlich, dass die sich ziemlich weit vom Glauben entfernt hat?« – »Nein, wirklich?« – »Ich sag's dir. Ich habe ihre Songs aus meiner iTunes-Sammlung gelöscht.« (Das habe ich tatsächlich. Allerdings aus geschmacklichen Gründen.)

Jessica Simpson war nicht mein einziger Fehlgriff.

Auch der Elektro-Popper Moby und der Hip-Hopper P. Diddy wurden von mir als Kronzeugen dafür zitiert, dass es immer mehr Christen im Musikgeschäft nach ganz oben schafften. Dass

Moby alias Richard Melville Hall Pornos sammelte und P. Diddy alias Puff Daddy alias Sean Combs ein Verfahren wegen Körperverletzung und illegalem Waffenbesitz am Hals hatte, ignorierte ich.

Meine Faszination für wiedergeborene Celebrities dauerte fast ein Jahrzehnt. Ich sammelte sie wie Trophäen. Ich legte mir einen Ordner mit einschlägigen Zitaten an. Ich schrieb ehrfürchtige Artikel über sie. Ich schaute zu ihnen auf wie ein schmächtiger Fünftklässler zu einem volljährigen Beschützer.

Bei einigen meiner Entdeckungen besteht an der Aufrichtigkeit ihrer Bekenntnisse kein Zweifel. Bono von U2 und der verstorbene Johnny Cash sind, wenn schon nicht immer vorbildlich und auch nicht gerade christlich-orthodox, so doch glaubwürdig. Bei dem Hardrocker Alice Cooper und der einem Krebsleiden zum Opfer gefallenen Disco-Queen Donna Summer muss ich höchstens musikalische Abstriche machen; ihre Danksagungen an Gott, der sie von Drogen und Verzweiflung befreit hatte, waren authentisch. Das Gleiche galt für Cliff Richard, bei dem mich freilich irritierte, dass er sich jahrzehntelang als quasi-zölibatärer Junggeselle porträtieren ließ, um sich dann doch als schwul zu outen. Marvin Gaye kam aus einem Pastorenhaushalt und beschäftigte sich sein ganzes Leben lang mit Glaubensfragen – wenn er bei seinen vielen Sex- und Drogeneskapaden dafür den Kopf frei hatte. Sein eigener Vater erschoss ihn, während er einen Pornofilm guckte. Van Morrison, der mit »Have I Told You Lately That I Love You« eines der schönsten christlich akzentuierten Liebeslieber aller Zeiten komponiert hat, experimentierte ein paar Jahre lang mit evangelikaler Religiosität, bevor er zum Agnostiker zurückmutierte. Er maulte: »Ich habe so viele Religionen ausprobiert. Keine hat funktioniert. Jetzt glaube ich an keine Mythen mehr.« Sogar John Lennon, der in »Imagine« noch alle Religionen zum Teufel gewünscht hatte, flirtete während einer depressiven Phase mit der Idee, Zuflucht beim christlichen Glauben zu suchen. Allerdings nur ein paar Wochen lang – und im bekifften Zustand.

Wie bei jeder Grammy-Verleihung zu bestaunen ist, geht vielen Musikern mit afroamerikanischen Wurzeln ein Bekenntnis zu Gott so leicht über die Lippen wie ein »Yo« oder »Yeah«. Die Liste von R & B-Sängern, die sich irgendwann einmal als wiedergeboren bezeichnet haben, ist so lang wie beeindruckend: Aretha Franklin, Natalie Cole, Gloria Gaynor, Whitney Houston, Stevie Wonder.

Ganz zu schweigen von klassischen Komponisten mit christlichem Bekenntnis: von Bach über Haydn, Liszt, Bruckner bis zu Messiaen, Pärt und Rutter.

Einen echten Exoten-Status haben hingegen bekennende Christen in Hollywood. Deshalb habe ich hier besonders akribisch gesucht. Mit bescheidenem Erfolg. Die renommiertesten Christen im Filmgeschäft sind ein Deutscher, Wim Wenders, ein Eremit, Terence Malick, und ein Toter, Steve McQueen. Den Schauspieler, der mit seinen Filmen »Die Thomas Crown-Affäre«, »Bullitt« und »The Getaway« zum Inbegriff der Leinwand-Coolness wurde, brachte seine tödliche Krebserkrankung zum Glauben. Weil er sich aus der Öffentlichkeit zurückzog, erfuhren nur Insider von seiner Bekehrung.

Das war's auch schon fast. Ein frommer Filmfan wie ich hätte bei einer so mageren Ausbeute glatt verzweifeln können.

Wenn da nicht Mel Gibson und Joe Esterhasz gewesen wären. Der eine galt jahrelang als erotischster Schauspieler überhaupt, hatte mit »Mad Max« und »Lethal Weapon« Kultstatus erreicht, für »Braveheart« einen Regie-Oscar gewonnen und mit »Die Passion Christi« den erfolgreichsten religiösen Film aller Zeiten gedreht. Der andere hatte sich mit den Drehbüchern zu »Flashdance« und »Basic Instinct« zum gefragtesten Lieferanten schlüpfrig-greller Unterhaltung gemacht, bevor ihn der Krebs in die Knie zwang und er sich dem Glauben zuwandte. Vor ein paar Jahren begegnete ich ihm bei einer christlichen Medienkonferenz. Seine Stimme war krankheitsbedingt kaum hörbar. Unübersehbar war dafür das riesige Kreuz, das von einer Halskette baumelte. Mein Herz schlug höher, als Esterhasz, der mit seinem Vollbart wie eine Mischung aus Mose und dem Alm-Öhi aussah, sein aktuelles Projekt ankündigte. Er schrieb an einem Drehbuch zum apokryph-biblischen Buch der »Makkabäer«. Regie bei dem aufwendigen Epos sollte Mel Gibson führen. Mein Dreamteam! Bis die beiden sich zerstritten – aufs Übelste und in aller Öffentlichkeit. Während sie sich zwecks Vorbereitung der Dreharbeiten trafen, bekam Mel Gibson einige seiner berüchtigten cholerischen Anfälle. Er wetterte gegen »die Juden« und zog auf zotigste Weise über seine Exfrau her. Schließlich feuerte er auch Joe Esterhasz. Der revanchierte sich, indem er erst eine Mitschrift und dann sogar einen Audio-Mitschnitt der hysterischen Wutrede veröffentlichte. Beides landete im Internet. Die ganze Welt lachte sich halb tot über die beiden durchgeknallten Oldies. Ihre Glaubensbekenntnisse muteten in diesem Zusammenhang nur noch peinlich an.

Etwas erfolgreicher verlief meine Rasterfahndung in dem Bereich, der mich als Buchautor genauso interessiert: der Literatur. Der Titan der Schriftstellerzunft schlechthin, Fjodor Dostojewski, war Christ und seine Romane »Schuld und Sühne«, »Der Idiot« und »Die Brüder Karamasow« veranschaulichen in unerreichter Meisterschaft das Dilemma des modernen Menschen, nämlich in einer kalten, schwankenden Welt sowohl Güte als auch Sicherheit zu finden. Sein Zeitgenosse Leo Tolstoi leugnete zwar zentrale Bestandteile des christlichen Credos, zum Beispiel die Auferstehung Jesu Christi, verdiente sich aber nicht nur mit seiner literarisch handwerklichen Brillanz, sondern auch mit seinem moralischen Rigorismus meine Bewunderung. Die drei bekanntesten Christen in der deutschsprachigen Literatur waren vom Judentum konvertiert. Heinrich Heine und Franz Werfel machten das allerdings nie offiziell. Alleine Alfred Döblin ließ sich taufen.

Außerdem war da Karl May. Seine Winnetou-Saga und der Orient-Zyklus lesen sich passagenweise wie missionarische Schriften. Old Shatterhand und Kara Ben Nemsi predigen den Heiden, als wären sie im Auftrag der Wycliff-Bibelübersetzer unterwegs. Kein Wunder, dass sich deren Freunde Winnetou und Hadschi Halef Omar bekehren, der Apachenhäuptling sogar besonders spektakulär. Im Sterben röchelt er: »Ich glaube an den Heiland. Winnetou ist ein Christ. Lebe wohl.« Unklar ist allerdings bis heute, ob der Autor damit seinen eigenen Glauben bezeugte oder einfach die Erwartungen seines Publikums befriedigte. Den Zweifel an der Authentizität des May'schen Glaubens nähren nicht nur sein aktenkundiger Hang zur Hochstapelei, sein chaotisches Privatleben (seine erste Ehefrau versuchte er durch einen inszenierten Geisterauftritt während einer spiritistischen Sitzung loszuwerden), sondern auch sein esoterisches Spätwerk, allen voran der unlesbare Zweiteiler »Ardistan und Dschinnistan«.

Die Liste von Autoren, die sich als christlich verstanden, ist natürlich noch viel länger und beinhaltet unter anderem Bernanos, Lagerlöf, Tolkien, Updike, Waugh ...

Ich könnte jetzt endlos fortfahren ...

Stimmt nicht.

Denn so viele Christen, die es in Kultur, Wissenschaft, Politik, Sport und Wirtschaft nach ganz oben geschafft haben, gibt es nicht.

In der Literatur beispielsweise finden sich viele der größten Namen in einer anderen, deprimierenden Liste: derer, die nur kurzzeitig mit dem Christentum kokettiert haben, wie etwa Goethe, oder derer, die zwar traditionell christlich erzogen wurden, sich später aber ihre eigene Philosophie zurechtzimmerten, wie etwa die Pastoren- bzw. Missionarssöhne Benn, Dürrenmatt, Hesse, Lessing, Nietzsche und Schlegel.

Früher war eben auch nicht alles besser. In seiner collageartigen Jahreschronik »1913« lässt Florian Illies eine Hundertschaft von Spitzentalenten aufmarschieren, unter anderem Picasso, Chaplin, Freud, Jung, Einstein, Brecht, Musil, Werfel, Döblin, Jünger, Trakl, Rilke, Nolde, Wittgenstein, Kirchner, Kraus, Tucholsky, Liebermann, Hofmannsthal, Kollwitz, Klimt, Schönberg. Deren Interesse gilt allem Möglichen – außer dem Glauben. Schon damals war das Christentum offenbar kein Thema für die Elite. Nur an einer Stelle von »1913« kommt auch die Kirche vor, die katholische, und zwar mit einer Warnung vor den Versuchungen des Kinos.

Nachdem ich nicht nur viele Bücher und Zeitungsartikel gelesen habe, sondern als Fernsehjournalist dazu noch viele persönliche Begegnungen mit den Schönen, Reichen und Berühmten hatte, muss ich folgendes Doppelfazit ziehen:

Erstens: Die Luft an der Spitze ist dünn, vor allem für Christen, und nur wenige schaffen es auf rote Teppiche und in die Lichtkegel der Scheinwerfer.

Zweitens: Diejenigen, die sich nach oben durchboxen oder blitzartig dahin katapultiert werden, sind oft sehr spezielle Charaktere und nur bedingt nachahmenswert. Oft handelt es sich bei genialen Ästheten wie Thomas Mann um völlige Beziehungsversager. Zudem gilt: Wenn einer viel redet und schreibt, dann ja nicht unbedingt, weil er viel zu sagen hat, sondern vielleicht nur die Zeit und den inneren Drang dazu.

Das trifft auch zu auf den einflussreichsten Musiker der letzten fünfzig Jahre – Bob Dylan. Ende der Siebzigerjahre erregte er

Aufsehen, als er sich einer charismatischen Gemeinschaft anschloss. Über seine Bekehrung in einem Hotelzimmer berichtete er: »Ich spürte eine Gegenwart in dem Zimmer, die niemand anders als Jesus sein konnte. Ich erlebte eine richtige Erweckung.« Auf seiner nächsten Platte sang er: »Egal, ob es der Teufel ist oder Gott, irgendjemandem musst du dienen.« Er veröffentlichte noch zwei weitere fromme Alben. Dann driftete er allmählich zurück in die Geisteshaltung, die seinem Wesen mehr entsprach als die des Bußpropheten: die des ironischen Chronisten. Die einzige unumstößliche Wahrheit über Gott, die er gelten lassen wollte, war, dass Gott »willkürlich« und »unerklärlich« sei. Das kann man als Rückfall beklagen. Oder als authentische Entwicklung eines zerrissenen Charakters akzeptieren. Dylan hatte den Sprung des Glaubens gewagt – und blieb am Ende dennoch bei sich selbst – und hoffentlich dennoch unter der Hand Gottes.

Dass Künstler exzentrisch sind, selbst wenn sie sich zum christlichen Glauben bekennen, ist eigentlich eine Selbstverständlichkeit. So ist das nun einmal: Die spannendsten Menschen sind nicht immer die zuverlässigsten, und wer eine blühende Fantasie hat, verrennt sich leichter im Reich der Möglichkeiten.

Weitaus folgenschwerer und auch schwerer nachzuvollziehen ist es, wenn sich Politiker einerseits zu Jesus bekennen und andererseits seiner Lehre mit ihrer Politik widersprechen.

Dieser Widerspruch fällt schon auf bei den Lichtgestalten der Reformation. Luther und Calvin waren begnadete Theologen und Kirchenführer, aber wussten mit der Macht, die ihnen zufiel, wenig Positives anzufangen. Luther hetzte gegen die Juden und Bauernrebellen, Calvin führte eine Gesinnungsdiktatur ein. Der englische Lord Protektor, Oliver Cromwell, ein tiefgläubiger Puritaner, hatte nicht nur den katholischen König Karl I. auf dem Gewissen, sondern verübte auch Massaker unter den irischen und schottischen Katholiken. Weniger blutig, dafür ebenfalls dezidiert spaßfrei verlief die Regentschaft des pietistischen Preußenkönigs Friedrich Wilhelm I. Er gebärdete sich wie eine Volks-Gouvernante, vermöbelte höchstpersönlich Bürger, die er in aufreizender Kleidung auf der Straße erwischte, und quälte seine eigene Familie mit seinem Jähzorn und seiner Brutalität. Sein Sohn Friedrich, der spätere »Große«, und seine Tochter Wilhelmine hatten vor allem dann Grund zum Zittern, wenn sich der Soldatenkönig einmal wieder mit dem damals prominentesten Pietisten August Hermann Francke getroffen hatte. Denn ein solches Gespräch stimmte ihn nicht etwa milder, sondern strenger. Der Kulturhistoriker Erwin Seitz schreibt über das Verhältnis von Francke zur Königsfamilie: »Den Kindern wurde himmelangst, wenn der Gottesmann gelegentlich an den Berliner Hof reiste.« Denn anschließend setzte es vonseiten des Vaters oft Prügel.

Eineinhalb Jahrhunderte später war der Reichskanzler Bismarck nicht zuletzt deshalb ein so erfolgreicher Realpolitiker, weil er sich von der pietistischen Familie, in die er hineingeheiratet hatte, nicht in seine Kanzlerschaft hineinreden ließ.

In den USA waren die frömmsten Präsidenten in der Regel die unfähigsten.

Dem idealistischen Presbyterianer Woodrow Wilson gelang es zwar im Ersten Weltkrieg, Deutschland zur Kapitulation zu zwingen. Sein Versuch, einen nachhaltigen Frieden zu organisieren, scheiterte aber an seiner Naivität und seiner mangelnden Durchsetzungskraft gegenüber den alten europäischen Mächten.

Von der Präsidentschaft des Baptisten Jimmy Carter bleibt nicht viel mehr in Erinnerung als die Wirtschaftsflaute und die Besetzung der amerikanischen Botschaft in Teheran.

Als George W. Bush ins Weiße Haus gezogen war, sagte der damals vielleicht einflussreichste Evangelikale, Chuck Colson, über ihn: »Er war und ist einer von uns.« Bush sah tatenlos zu, wie sein Land in eine absehbare Immobilien- und Bankenkrise schlitterte. Mit dem dubios begründeten und dilettantisch durchgeführten Irakkrieg verursachte er den Tod von mindestens Hunderttausend Irakern und Tausenden Amerikanern und verschlechterte obendrein die Situation der christlichen Minderheit in der Region erheblich.

Glauben schützt eben nicht vor Torheit.

Manchmal macht religiöse Inbrunst – vor allem der Glaube an die eigene Berufung – sogar erst recht blind und unempfänglich für Kritik. Die katastrophalsten politischen Entscheidungen fallen nämlich in der Regel nicht aus Bosheit, sondern aus Borniertheit. Und dafür sind Christen genauso anfällig wie alle anderen Menschen.

Mir gefällt das zugegebenermaßen nicht.

Ich hätte lieber mehr Siegertypen als Verlierer in den eigenen Reihen. Ich hadere damit, dass die Welt nicht nach dem Prinzip der Gnade, sondern nach dem der Stärke funktioniert. Ich kann mitfühlen mit Salieri, dem emsig-frommen Komponisten in dem Theater- und Filmdrama »Amadeus«, der nicht verkraften kann, dass Gott nicht ihn, sondern den ordinär-exaltierten Mozart zum Genius auserkoren hat.

Aber so ist es nun mal in diesem Leben: Am Ende setzt sich durch, wer mehr PS auf die Straße bringt – und der Glaube ist, entgegen den Versprechungen moderner Glückspropheten, kein besonders leistungsfördernder Kreativmotor. Daran hat sich seit Kain und Abel nichts geändert. Die ersten Kapitel der Bibel erzählen ganz ungeschminkt, wo der Fortschritt herkommt – von den Bösen:

Der erste Erfinder, der erste Handwerker, der erste Krieger, der erste Städtebauer, der erste Künstler – alles Nachkommen des Brudermörders Kain. Von den Nachkommen des anderen guten Sohns von Adam und Eva neben Abel, Set, wird nicht viel mehr erzählt, als dass sie existierten.

An der Disproportionalität von religiöser Hingabe und säkularem Erfolg verzweifelten später auch die Juden. Ihnen half wenig, dass Gott sie als sein Volk erwählt hatte, sie wurden trotzdem nacheinander von den Ägyptern, den Assyrern, den Babyloniern, den Persern, den Griechen und den Römern besiegt, deportiert, versklavt, kujoniert und schließlich in alle Welt vertrieben. Es waren immer die anderen, die die besseren Waffen und die größeren Heere hatten. Besser als alle anderen waren die Juden nur im Fragen und Lamentieren. Und Gott erhörte sie, indem er Jesus schickte – der allerdings von seinen göttlichen Fähigkeiten anderen Gebrauch machte, als man erwartete. Wie ein Supermann, der freiwillig auf sein Kryptonit verzichtet, ließ er sich ohne Gegenwehr abschlachten.

Seit Jesus sollte Christen klar sein: Ihre Sonderkompetenz liegt nicht im Kämpfen, sondern im Verbinden der Verletzten.

Das zeigt auch die weitere Geschichte des Abendlandes.

Kurz nachdem das Christentum vom spätrömischen Kaiser Konstantin zur Staatsreligion erklärt worden war, standen die damaligen Gläubigen vor einer riesigen sozialen Herausforderung. Denn das Römische Reich trat jetzt nicht etwa in eine Blütephase ein – sondern fiel in sich zusammen. Zigtausende von Römern landeten in der Sklaverei, darunter viele Christen. Die anderen Glaubensgenossen mussten nun ihre wenigen Ersparnisse zusammenlegen, um die Schwestern und Brüder freizukaufen. In vielen Fällen gelang das auch.

Ich gehe davon aus, dass es in Zukunft wieder ähnliche Herausforderungen geben wird, nämlich dann, wenn die Sozialkassen leer sind und nicht mehr nur für die Hungernden in Afrika, sondern für die Notleidenden im eigenen Umfeld gesammelt werden wird.

Die Gewissheit der Solidarität unter Christen tröstet mich, wenn ich mir die blamable kulturelle Bilanz des Kirchenmilieus vor Augen führe, zu dem ich mich selbst zähle. Ob man sie nun Pietisten, Evangelikale oder christliche Wertkonservative nennt – ihr Beitrag zur ästhetischen Weiterentwicklung der Menschheit ist gleich gering – nämlich nahezu gleich null. Mir fällt kein einziges Bauwerk, kein Gemälde, kein Spielfilm, kein Musikalbum, kein Roman ein, der Anspruch darauf hätte, von der Nachwelt in Erinnerung behalten zu werden.

Mein Lieblingsautor ist Matthias Claudius. Nicht wegen seines literarischen Vermächtnisses, von dem heute nicht viel mehr als das Gedicht »Der Mond ist aufgegangen« bekannt ist. Der hochbegabte Pastorensohn entschied sich bewusst dagegen, sich neben Goethe und Schiller einen Platz im Schriftstellerolymp zu erkämpfen. Seine Entscheidung für ein solides Land- und Familienleben brachte ihm die Geringschätzung seiner Künstlerkollegen ein. Er investierte seine Lebenskraft für seine Frau, seine Kinder und die Leser der von ihm herausgegebenen Zeitung »Wandsbecker Bote«. Für große Bühnen- und Bücherwerke fehlten ihm schlichtweg Kraft und Zeit.

Am Ende ist Kreativität auch nichts anderes als eine besondere Energieleistung.

Damit Energie produziert wird, ist Druck nötig.

Druck von außen – etwa durch Leistungsanreize und Wettbewerb.

Druck von innen – durch Spannung, die nach Auflösung drängt.

Glücklichen Menschen, die in einer harmonischen Gemeinschaft leben, fehlt das. So hart das klingt: Christliche Gemeinschaften fördern Mittelmäßigkeit. Denn idealerweise sind sie daraufhin angelegt, Hierarchien abzubauen, Lasten zu verteilen, Schwache zu integrieren und Starke zurechtzustutzen. Das ist gut für den gesamten Leib Christi, verhindert aber die gezielte Ausbildung einzelner Muskelpartien.

Auch die christliche Geisteshaltung ist dem Genius nicht zuträglich. Wer seinen Frieden mit Gott und den Menschen gefunden hat, der hat nicht mehr denselben Hunger nach Anerkennung und entwickelt nicht den inneren Druck, der dafür nötig ist, sich eine gehobene Machtposition zu erkämpfen oder eine bahnbrechende Symphonie zu komponieren.

Deutlich wurde mir das, als ich zuletzt Florenz besucht und die Kunstwerke von Michelangelo und Leonardo bewundert habe. Beide Männer waren nicht nur außerordentliche Genies, sondern beide hatten auch ihre homoerotischen Sehnsüchte. Sie beschenkten die Welt mit Schönheit, verzichteten aber zeitlebens auf die Erfahrung echter Liebe.

Alles hat seinen Preis.

Wer großen Künstlern ihren Ruhm neidet, sollte sich ehrlicherweise auch ihre Schmerzen herbeisehnen.

Die besten Filme über den christlichen Glauben wurden deshalb von Männern gedreht, die selbst keinen hatten oder zumindest dauerhaft in der Gefahr standen, ihn zu verlieren: Bergman, Buñuel, Dreyer, Pasolini, Tarkowski. Ich bewundere ihre Fähigkeit, Sehnsucht filmisch umzusetzen. Aber ich bedaure sie dafür, dass sie selbst keine Erfüllung gefunden haben.

Erfolg hängt nicht nur von der aufgewendeten Kraft ab, sondern auch von deren Konzentration. Genies verfügen über die Fähigkeit, ihre Kräfte in besonderer Weise zu konzentrieren. Andere Hirnbereiche sind dafür weniger gut entwickelt. Deshalb sind so wenige Top-Journalisten, so wenige Spitzenwissenschaftler, so wenige Großdenker bekennende Christen. Weil ihre kritisch-analytischen Fähigkeiten exzellent sind, die für den Glauben hilfreichen intuitiven Kapazitäten aber unterentwickelt.

Auch Prominenz und Genialität haben ihren Preis.

- Hohe Intelligenz verursacht Hochmut.
- Große Schönheit führt zu Selbstbezogenheit.
- Besondere Kreativität bewirkt Instabilität.
- Großer Reichtum resultiert in Machtgehabe. Denn wer mächtig ist – das heißt: Wer anderen den eigenen Willen aufzwingen kann –, hat es nicht mehr nötig, andere durch freundliche Worte zu überzeugen.

Das sind lauter gute Gründe, nicht an der falschen Stelle nach Vorbildern zu suchen.

Was macht einen Menschen überhaupt groß?

Größe zeigt sich in dem Guten, das ein Mensch bewirkt, und in dem Opfer, das er dafür bringt.

An wen sollen wir uns also halten?

An Menschen, die uns vorleben, was es heißt, ein Jesus-Jünger zu sein. In der Geschichte des Christentums gab es immer wieder Privilegierte, die mit radikalen Lebensentscheidungen ganze Generationen geprägt haben:

- der Unternehmersohn Franz von Assisi
- die Gräfin Elisabeth von Thüringen
- der bereits erwähnte ehemalige Präsidentschaftsberater und Watergate-Mitschuldige Chuck Colson

Auch die Bibel offenbart ein ganz anderes Heldenverständnis, als wir es kennen. Die Lichtgestalten sind eben nicht, mit wenigen Ausnahmen, die Arrivierten. Staatsdiener wie Nehemia oder Geschäftsleute wie die Stoffhändlerin Lydia werden überhaupt nur dann positiv erwähnt, wenn sie ihr Talent und ihr Vermögen in den Dienst Gottes stellen. Bemerkenswert ist auch, dass äußerlich erfolgreiche israelitische Könige wie Omri oder Jerobeam II. in der Bibel nur mit wenigen Versen gewürdigt werden.

Schließlich sieht Gott – wie es in der Berufung Davids zum König heißt – nicht »was vor Augen ist«, sondern wie es um die inneren Werte bestellt ist. Vor allem aber ist Gott mit den Zuspät- und Zukurzgekommenen und denen, die wegen ihres Gottesbekenntnisses ausgegrenzt und verfolgt werden.

Die wahren Helden der Bibel sind deshalb die Propheten: anstrengende Außenseiter, die keinen anderen Job hatten, als unbequeme Wahrheit zu verkündigen. Männer, die inmitten von staatlichem Kollaps und am Rande des eigenen Nervenzusammenbruchs wirkten.

Das Wort »Prophet« kommt aus dem Griechischen und beschreibt jemanden, der den Willen der Götter bzw. Gottes verkündet und auslegt. Der echte Prophet unterscheidet sich vom Spinner und vom Verführer durch zweierlei: darin, dass seine Botschaft sich letztendlich als korrekt herausstellt; und darin, dass er die Verachtung der Welt aushält. Popularität bringt diese Aufgabe allenfalls posthum. Denn der Prophet plädiert häufig dafür, sich heute einzuschränken, sich zurückzunehmen, sich in Geduld zu üben – um damit die Spielräume für morgen zu erweitern.

Zu Lebzeiten ist das Prophetenamt mit einem erheblichen Verlust von Reputation und Lebensqualität verbunden. Deutlich wird das, wenn man das Leben der Propheten Jesaja, Jeremia und Hesekiel betrachtet. Sie alle kamen aus der israelitischen Oberschicht – und mussten einen bemerkenswerten sozialen Abstieg hinnehmen. Jesaja etwa erhielt von Gott den Auftrag, drei Jahre lang nackt – das heißt vermutlich: mit blanker Brust – herumzulaufen. Jeremia, der aus einer Priesterfamilie stammte, predigte ebenso tapfer wie vergeblich gegen den Niedergang an. Seine eigenen Brüder wetterten auf offener Straße gegen ihn. Der Hohepriester ließ ihn foltern. Der König nahm ihn in Haft und wollte ihn sogar exekutieren lassen. Die Resonanz war beschämend. Jeremia selbst klagt in einer Rede: »Dreiundzwanzig Jahre lang habe ich immer wieder gepredigt, aber ihr habt nie hören wollen« (Jeremia 25,3). Auch Gott gegenüber macht er aus seinem Frust keinen Hehl: »Warum bin ich ... aus dem Mutterleib hervorgekommen, wenn ich nur Jammer und Herzeleid sehen muss und meine Tage in Schmach zubringe!« (20,18). Obendrein wurde Jeremia von Gott ausdrücklich verboten, eine Ehe einzugehen. Gott zwang ihn förmlich in eine Existenz größter Einsamkeit hinein. Sein Schicksal erinnert an das Drama »Der Volksfeind« von Henrik Ibsen. Dort kommt ein anderer ungeliebter Prophet, der Arzt und Verbraucherschützer Stockmann, zu der Erkenntnis, »dass unsere ganze bürgerliche Gesellschaft auf dem verpesteten Boden der Lüge ruht«. Nachdem Stockmann zur Strafe dafür, dass er mit seinen ökologischen Mahnungen den örtlichen Tourismus gefährdet hat, diffamiert wird, stellt er fest: »Der ist der stärkste Mann auf der Welt, der allein steht.« Ich ergänze: alleine mit Gott.

Nicht viel besser als Jeremia erging es dessen Zeitgenossen Hesekiel. Während Jeremia in Jerusalem den Untergang des Reiches Juda beobachtete, gehörte Hesekiel zu einer Gruppe von Juden, die bereits vorher nach Babylon deportiert worden waren. Der Bibel zufolge hatte er eine bildschöne Frau (»die Wonne seiner Augen«), die Gott nach wenigen Jahren Ehe zu Demonstrationszwecken sterben ließ und dem verwitweten Propheten dazu noch die öffentliche Trauer untersagte.

Zu den größten Propheten der jüngsten Vergangenheit gehören für mich die Geschwister Hans und Sophie Scholl sowie Dietrich Bonhoeffer. Nach ihnen sind in Deutschland unzählige Straßen, Schulen und Veranstaltungszentren benannt. Leider sind ihre Biografien ausgerechnet unter Christen nicht sonderlich bekannt. Ich selbst bin in völliger Unkenntnis darüber aufgewachsen, wie tiefgläubig Hans und Sophie Scholl waren. Heute weiß ich, dass ihre Bereitschaft zum Martyrium nur aus ihrer festen Bindung an Jesus Christus erklärt werden kann. »Gegen die Dürre des Herzens hilft nur das Gebet, und sei es noch so arm und klein«, schrieb die damals 21-jährige Sophie in einem ihrer letzten Briefe, »und wenn in mir noch so viele Teufel rasen, ich will mich an das Seil klammern, das mir Gott in Jesus Christus zugeworfen hat«.

Das macht mir Mut, auch wenn ich selbst hoffentlich nie in eine ähnlich extreme Situation geraten werde.

Ich will mich nicht selbst zum Prophet machen, aber ich wage eine nicht sonderlich originelle Vorhersage: In den Zeiten, die auf uns zukommen, und die schnell, hart, chaotisch und intensiv sein werden, brauchen wir Persönlichkeiten vom Schlage eines Jeremia oder eines Bonhoeffer.

Dabei kommt es nicht darauf an, ob sie in irgendeiner Bestenliste auftauchen. Gesellschaftliches Renommee hat nämlich seinen Preis: In der Politik werden Leute befördert, wenn sie ihrer Partei dienen. In Unternehmen kommen Menschen nach oben, die den Umsatz steigern. In den Medien reüssieren Künstler, die Sendezeit füllen, Quote steigern und dadurch ein attraktives Umfeld für Werbung schaffen. Mit Bibelzitaten klappt das in der Regel nicht, noch nicht einmal, wenn man seine frommen Bekenntnisse außerhalb der Dienstzeit von sich gibt.

Es liegt in der Natur des Prediger- und Prophetenjobs, dass man damit eher auf den Index kommt als auf die Einladungsliste bei einem Gala-Dinner.

Falls doch, sollte das zu denken geben.

»Selig seid ihr, wenn euch die Menschen um meinetwillen schmähen und verfolgen und reden allerlei Übles gegen euch«, sagt Jesus in der Bergpredigt. »Seid fröhlich und getrost; es wird euch im Himmel reichlich belohnt werden. Denn ebenso haben sie verfolgt die Propheten« (Matthäus 5,11-12).

Deshalb ist Skepsis angebracht, wenn christliche Führungsfiguren in der säkularen Szene mit Preisen überhäuft und mit Lobreden hochgejubelt werden.

Gleichzeitig bin ich dankbar für die wenigen aktuellen Berühmtheiten, die keine prophetische Berufung haben und einfach nur ganz schlicht ihren Glauben bekennen. Besonders weiterführende Anleitungen zum richtigen Leben erwarte ich mir nicht von ihnen. Noch nicht einmal, dass sie ein besonders heiliges Leben führen. Ich bin dafür dankbar, wenn sie ein wenig zur Aufhellung der Welt beitragen.

Wie etwa Elvis Presley, Aretha Franklin und Whitney Houston. Mit ihren von Krisen, Pleiten und Fehlentscheidungen durchzogenen Biografien haben sie sich als Glaubensvorbilder disqualifiziert.

Aber wenn ich ihre Interpretationen von »Amazing Grace« höre, zieht sich mein Herz in Vorfreude auf Gott zusammen. Wie schön, dass Gott sie erschaffen hat.

Mythos 3:

GOTT MACHT MÄCHTIG

ODER: WARUM DIE DEUTSCHEN KIRCHEN IN DER KRISE STECKEN UND AMERIKA ES AUCH NICHT BESSER HAT

Die Kirche – und damit meine ich die Gesamtheit der organisierten Christenheit – erinnert mich an Indien.

Durch dieses faszinierende Land bin ich vor Kurzem gereist. Ich war überwältigt: von den Menschen, den Farben, den Gerüchen, der schieren Vielfalt des Subkontinents und seiner 1,2 Milliarden Bewohner. Und ich war gleichzeitig abgestoßen.

Von den Kindern, die nachts auf den Straßen von Delhi und Mumbai betteln. Von den maroden und verstopften Straßen. Dem Müll. Dem Lärm. Der Ungerechtigkeit.

Wie erfolgreich könnte dieses unglaubliche Land sein, wenn die Infrastruktur auf dem Stand des 21. Jahrhunderts wäre! Wenn die Eliten sich um das Wohlergehen der Unterprivilegierten kümmern würden! Wenn die dort täglich freigesetzte Energie synergetisch zu einem großen Ganzen gebündelt würde!

Dieselbe Frage stellt sich mir, wenn ich mir den Zustand der Christenheit ansehe.

Ich bewundere den leidenschaftlichen Aktivismus vieler Glaubensgeschwister.

Und mich bekümmert, wie wenig in der Summe dabei herauskommt.

Weil die einzelnen Aktionen nur selten koordiniert und strategisch aufeinander abgestimmt werden.

Das theologische Rad wird ständig neu erfunden.

Jeder Fehler wird in jedem Jahrzehnt neu gemacht – mehrmals.

Wenn Prediger mit falschen Prophezeiungen und schwachsinnigen Exegesen rote Ampeln überfahren, wird ihnen der Führerschein nicht abgenommen, das heißt: ihnen Auftrittsverbot erteilt. Stattdessen können sie so lange weiter Unsinn verbreiten, wie sich Gläubige finden, die sich den Stuss anhören.

Warum ist das eigentlich so? Schließlich verheißt die Bibel den Gläubigen den Heiligen Geist. Warum schafft der so wenig

Frieden und Einheit, und warum bleiben Christen deshalb in ihren gesellschaftlichen Nischen stecken, statt als echter Machtfaktor die Verhältnisse mitzugestalten?

Auch wenn ich einige Zeit in Afrika, Asien und Lateinamerika unterwegs war, kenne ich mich am besten mit den Verhältnissen in den USA und Europa aus. Tatsächlich gehen von diesen Kontinenten immer noch die wichtigsten geistlichen Impulse aus. Deshalb will ich dortige Verhältnisse einer genaueren Analyse unterziehen und fragen: Wie einflussreich sind die Jesus-Jünger heutzutage und falls sie es nicht sind, woran liegt das?

Den Vortritt gebe ich den Glaubensbrüdern und Glaubensschwestern in Übersee.

Es gab Zeiten, da hätte ich meine deutsche Staatsbürgerschaft ohne Zögern gegen die amerikanische eingetauscht. Jetzt bin ich oft froh, dass ich hiergeblieben bin.

Denn das stolze Sternenbanner baumelt so traurig vom Mast wie vielleicht noch nie seit dem Bürgerkrieg vor eineinhalb Jahrhunderten. Die Arbeitslosigkeit liegt bei fast zehn Prozent, die Staatsverschuldung bei sechzehn Billionen, die außenpolitische Bilanz ist beschämend: Der Kalte Krieg war der letzte, den die Vereinigten Staaten erfolgreich beendet haben. Die Einsätze in Afghanistan und im Irak – gefloppt. In der Rangliste der »glücklichsten Nationen der Welt« liegen die Amerikaner abgeschlagen im letzten Drittel – zwischen Moldawien und der Elfenbeinküste; in den »Top 5« dagegen bei der Anzahl der Todesstrafen – zwischen dem Irak und dem Jemen. Die Infrastruktur ist in weiten Landesteilen miserabel, dafür werden die umzäunten Strandvillen immer protziger. Träumten früher noch Tellerwäscher von Millionen, können sich heute viele Angestelltenkinder nicht einmal eine gute Uni-Ausbildung leisten.

Nicht nur zwischen Armen und Reichen wächst die Kluft, sondern auch zwischen Konservativen und Linksliberalen. Wer dabei zuhört, wenn etwa Südbaptisten über Obama schimpfen, könnte meinen, sie redeten vom Antichristen oder dem leibhaftigen Satan.

Die Ängste vor einer Entchristianisierung des Landes sind allerdings nicht ganz unbegründet. Bisher galten die USA immer als Gegenbeispiel zur These, dass gesellschaftliche Modernisierung automatisch zur Säkularisierung führt. Schließlich bezeichnen sich 90 Prozent der US-Bürger als religiös, die Hälfte hält die Bibel für Gottes Wort und ein Drittel geht regelmäßig in die Kirche. Doch neueste Umfragen signalisieren ein Ende des Sonderwegs. Die Überzeugung, dass religiöse und moralische Überzeugungen relativ sind, setzt sich in der breiten Mehrheit durch. Der Anteil der Christen, die ihr Leben bewusst nach den biblischen Geboten ausrichten, wird auf höchstens zehn Prozent geschätzt. Das Spendenaufkommen ist rückläufig. Und die Zersplitterung zwischen den verschiedenen Denominationen nimmt zu. Die Zeiten, in denen sich etwa die Evangelikalen auf ein verbindliches Bibelverständnis oder eine klare Position zur Homo-Ehe einigen konnten, sind vorbei. Die Frommen in den USA sind die eindeutigen Verlierer des Kulturkriegs um Glaube und Moral in den Medien und Bildungseinrichtungen. »Sie haben verloren, weil sie zu hart gekämpft haben«, meint der renommierte Soziologe Robert Putnam. Nun ziehen sie sich in ihre Nischen zurück. Immer mehr evangelikale Eltern unterrichten ihre Kinder zu Hause und schicken sie anschließend auf bibeltreue Colleges. Fromme Autoren wie Os Guinness und David Aikman beschwören in Büchern wie »Der Selbstmord eines freien Volks« und »Eine Nation ohne Gott« das Gespenst einer aggressiv-säkularistischen Meinungsdespotie herauf.

Und spätestens jetzt schrecke auch ich aus meiner lässigen und latent hämischen Beobachterhaltung auf. Dass der »American Way of Life« an Attraktivität verliert, hätte ich noch mit einem Achselzucken quittiert. Aber dass auch der »American Way of Faith«, die fröhlich-robuste Art der dortigen Frömmigkeit, ins Schlingern kommt – das macht mir Sorgen. Denn was für den kirchentreuen Katholiken Rom ist, das sind für den bibeltreuen Protestanten Los Angeles, Chicago, Dallas, Wheaton und Grand Rapids. Da kommen die christlichen Bücher, Redner und Organisationen her, die mich und viele anderen Glaubensgenossen entscheidend geprägt haben.

Ich bin ein Kind der Siebziger- und Achtzigerjahre. Die USA waren für mich der Inbegriff von Fortschritt und Tiefgläubigkeit. »Ein Colt für alle Fälle« und Amy Grant, Ronald Reagan und Billy Graham, Disneyland und Willow Creek. Vor zwanzig Jahren habe ich zum ersten Mal eine amerikanische Sonntagsschule besucht. Ich war frappiert, dass sich bereits um 7.45 Uhr morgens zweihundert zumeist junge Leute einfanden – und zum anschließenden Gottesdienst zweitausend. Seitdem fliege ich fast jedes Jahr nach Übersee, um mir dort spirituelle Vitaminspritzen verabreichen zu lassen.

Aber die Wirkung lässt nach. Und das liegt nicht an dem vermeintlich anti-christlichen Meinungsklima in den USA, sondern daran, dass ich die Schwäche der dortigen Kirchen mittlerweile für hausgemacht halte. Außerdem wird mir immer mehr bewusst, wie groß die kulturellen Unterschiede zwischen beiden Ländern sind, sodass man die dortigen Verhältnisse im Positiven wie im Negativen kaum auf Deutschland übertragen kann.

Die Vereinigten Staaten sind das Land der großen Träume und Visionen, aber auch der schnellen Abkürzungen, die manchmal in eine Sackgasse führen.

Man kann eine Kultur gut danach beurteilen, welche Helden sie verehrt. Bei den Deutschen, wie bei den anderen europäischen Völkern, stehen Künstler und Denker traditionell hoch im Kurs. Die Amerikaner dagegen verehren vor allem Tatmenschen wie ihre ersten Präsidenten. Oder Erfolgstypen wie Bill Gates und Steve Jobs. Oder Stars wie Elvis oder Madonna. Was zählt, ist nicht der Tiefsinn – sondern die Kraft, die Leistung, das Ergebnis. Die Versessenheit auf sichtbare Resultate und der naive Glaube an die Machbarkeit von Erfolg ist das typische Merkmal einer adoleszenten Kultur, die noch keine so krassen Grenzerfahrungen wie den Dreißigjährigen Krieg oder den Holocaust gemacht hat. Natürlich gibt es auch in der Geschichte der USA zahlreiche dunkle Punkte wie den Indianer-Genozid, die Massen-Sklaverei, den Bürgerkrieg oder den letztendlich sinnlosen Vietnamkrieg mit seinen drei Millionen Todesopfern. Aber diese Episoden werden in der Regel verdrängt.

Ich habe inzwischen weit über hundert, zumeist evangelikale, Gottesdienste in den USA besucht. Ich habe viele patriotische Appelle und Reminiszenzen gehört – aber kaum einen Verweis auf das nicht gerade kurze Sündenregister der eigenen Vorfahren.

Tief im Herzen geht es den meisten amerikanischen Christen nämlich wie ihrer erfolgreichsten Sekte, den Mormonen. Sie verhalten sich, als glaubten sie ebenfalls, Jesus wäre nach seiner Auferstehung nach Nordamerika ausgewandert, um dort »God's Own Country« – Gottes eigenes Land – zu errichten. Viele Amerikaner sind beseelt vom narzisstischen Glauben an die eigene Einzigartigkeit.

Dabei erzeugen sie freilich auch eine beträchtliche positive Energie. Sie sind die Weltmeister im Spenden. Und sie schicken die meisten Missionare hinaus in die Welt – was sich allerdings auch dadurch erklärt, dass der eigene Markt zu klein für die Zigtausend Bibelschul-Absolventen ist. Für diesen Personaltransfer können wir dankbar sein. Die Gemeindegründungen in Deutschland, hinter denen amerikanisches Geld und Personal steckt, bereichern die hiesige Kirchenlandschaft.

Das Gegenteil ist leider der Fall bei vielen Exporten, die via Satelliten-TV, Internet und Buchhandel zu uns kommen. Quartals-Irre wie der Fernsehprediger Pat Robertson, der etwa das Erdbeben in Haiti als eine Art göttliche Strafe interpretierte, haben das Etikett »wiedergeboren« schwerer beschädigt als die Mode-Atheisten Richard Dawkins und Christopher Hitchens es je geschafft hätten. Nicht nur bei einschlägigen Glückspropheten, sondern bei vielen gut meinenden US-Christen ist mir darüber hinaus ein verhängnisvoller Trugschluss aufgefallen, den ich bereits im ersten Kapitel ausführlich beschrieben habe: dass die Jesus-Lehre der Selbstentsagung mit dem amerikanischen Traum der Selbstbeglückung fusioniert werden kann.

Von der Hoffnung darauf profitieren auch die unzähligen christlichen Therapeuten und Coaches, die sich im Dunstkreis der US-Kirchen tummeln. Neuerdings wird sogar das Ehrenamt des geistlichen Mentors kommerzialisiert. Zertifizierte »Spirituelle Anleiter« helfen auf Honorarbasis den gläubigen Normalos dabei, neue Glaubenskapazitäten zu erschließen.

Wäre ja schön, wenn es funktionieren würde. Tut es aber nicht. Weder materiell noch moralisch. Die Scheidungsrate in evangelikalen Kreisen liegt im Landesdurchschnitt. Und Teenager, die sich als evangelikal bezeichnen, haben nicht viel später und seltener vorehelichen Sex wie ihre Altersgenossen. Sie haben Umfragen zufolge nur mehr Schuldgefühle dabei.

Die Diskrepanz zwischen Anspruch und Realität wird dadurch abgebaut, dass man sich das Scheitern schönredet – als Lernprozess und als notwendige Voraussetzung für den Erfolg, der sich irgendwann einstellen wird. Auch hierfür gibt es mittlerweile professionelle Hilfe. Ich selbst bekomme seit ein paar Monaten per Mail immer wieder Einladungen zu Veranstaltungen, bei denen christliche Drehbuch-Lehrer aus Hollywood erklären, wie man die eigene Biografie zu einem Erbauungsdrama strukturiert – natürlich mit Happy End. Da wird jede Krebserkrankung, jeder Seitensprung, jeder Rausschmiss zum Wendepunkt stilisiert, der nicht nur das Leben in eine positive Richtung treibt, sondern dazu noch Empathie bei den Zuhörern erzeugt. Hauptsache, eine praktische Anwendung kommt dabei heraus. Verschwiegen wird, dass das Leben manchmal einfach nur mies sein kann – und letztendlich tragisch endet. Denn am Ende sind wir alle tot. Die amerikanischen Trendkirchen, ob »Mega« oder »Emergent« ersparen ihren Mitgliedern die Konfrontation mit ihrer Sterblichkeit unter anderem dadurch, dass sie zwar über gute Parkmöglichkeiten verfügen, aber über keine Friedhöfe.

Der leitkulturelle Optimismus der USA entstammt einem überholten Menschen- und Gesellschaftsbild. Die amerikanische Leitvokabel ist »Freiheit« und ist eng verknüpft mit einer Lebensphilosophie, derzufolge alles möglich ist – »anything is possible«. Die eigenen Spielräume und Selbstentfaltungsmöglichkeiten werden kolossal überschätzt, vor allem der eigene angeblich »freie« Wille. Dabei wird ignoriert, dass Menschen vor allem von Prägungen und Umständen fremdbestimmt sind, auf die sie nur sehr begrenzten Einfluss haben. Am Ende setzt sich eben nicht der Stärkere durch, sondern derjenige, der in die herrschenden Strukturen passt. Die Veränderung von gesellschaftlichen Strukturen ist allerdings sehr mühsam und langwierig – viel mehr als die Gründung einer neuen Erfolgskirche und die Propagierung kühner Visionen.

Um sich die eigenen Bilanzen schönzureden, werden manche gesellschaftlichen Entwicklungen einfach ignoriert. Einen Beleg dafür lieferte neulich eine christliche Medienlobby. In Los Angeles vergab sie ihre jährlichen Preise für werteorientierte Kinofilme. Dabei betonte der Vorsitzende, wie segensreich seine Organisation in denn letzten Jahrzehnten gewirkt habe. Die Anzahl der Kinofilme mit biblischen Bezügen habe sich in den letzten Jahren verdoppelt. Tatsächlich ist diese Entwicklung aber der Tatsache geschuldet, dass Kinos insgesamt verstärkt auf familienkompatible Ware setzen – vor allem in der Boom-Region Asien. Der Schund, der früher auf die Leinwände projiziert wurde, läuft heute im Internet. Und da hat sich die Anzahl von frei verfügbaren Pornos in den letzten zwei Jahrzehnten vertausendfacht. Schon Kinder konsumieren harte Sexfilme oder brutale Horrorstreifen. Im Kabelfernsehen kommt kaum eine erfolgreiche Serie noch ohne nackte Tatsachen aus. Und bekennende Christen, wenn sie überhaupt auftauchen, werden als Pharisäer und Verklemmte karikiert.

Für die akademische Welt gilt: Waren Atheisten in den Fünfziger- und Sechzigerjahren noch Exoten, geben sie nun den Ton an. In den Universitäten werden die nihilistischen Klassiker von Epikur, Lukrez und Diderot verschlungen, während die christlichen Schriften von John Bunyan oder Jonathan Edwards allenfalls zur Abschreckung gelesen werden.

Das Hauptmanko der amerikanischen Christenheit ist allerdings nicht die Stärke der säkularen Institutionen, sondern die eigene institutionelle Schwäche. Ihre Kirchen, Seminare, Denominationen arbeiten vorwiegend unabgestimmt nebeneinanderher. Es gibt jede Menge Parallelstrukturen, aber kaum Synergien. Die erhebliche Energie, die von den Millionen Gläubigen aufgebracht wird, verpufft. Das oft formulierte Ziel, die Kultur des Landes, ja der ganzen Welt zu verändern, wird meilenweit verfehlt. Denn kultureller Wandel breitet sich nicht irgendwie aus der texanischen Prärie heraus aus, sondern geschieht von oben – aus den Redaktionsräumen der »New York Times« und des »Time Magazines«, den Geschäftsräumen von »Paramount« und »Warner«, den Parteizentralen der Demokraten und Republikanern, dem Weißen Haus, den Fakultäten von Harvard, Yale und anderen Spitzen-Unis. Aber da sitzen noch weniger bekennende Christen als in den vergleichbaren Führungsetagen in Deutschland.

Die amerikanischen Evangelikalen sind nicht an der Spitze stark, sondern in der Fläche. Immerhin sind sie wettbewerbsorientiert und flexibel gegenüber Veränderungen. Während die deutschen Kirchen von Akademikern verwaltet werden, zieht die amerikanische Kirchenlandschaft viele Unternehmertypen an, Leute mit hoher Risikobereitschaft. Sie tun das, was in Deutschland nach wie vor eine Seltenheit ist: ihre eigene Haut zu Markte tragen. Wenn die Kirchenbesucher wegbleiben oder die Spendenüberweisungen storniert werden, kriegen die US-Geistlichen die Folgen unmittelbar zu spüren. In Deutschland können die landeskirchlichen Priester und Pastoren hingegen mit lieblos abgelesenen Predigten ihr gesamtes Publikum vergraulen und trotzdem im Amt bleiben, solange sie den Gemeindevorstand auf ihrer Seite haben. Und selbst bei einer Abwahl beziehen sie ihr Gehalt weiter. Einige amerikanische Megakirchen schaffen es mit intelligentem Fundraising sogar, Dutzende von Missionaren auszusenden – von denen einige in Deutschland landen und vielfach mehr Menschen erreichen als die benachbarten Landeskirchen.

Meinen vielen Mäkeleien zum Trotz muss ich also anerkennen: Ohne den amerikanischen »Input« wäre die religiöse Szene hierzulande ärmer, grauer, kraftloser. Wir brauchen den Glauben »made in USA« nicht zu verklären – aber wir brauchen ihn. Viel von der Glaubensleidenschaft, die von dort zu uns herüberschwappt, verläppert sich zwar wieder wegen fehlender Synergieeffekte. Am Ende bleibt aber immer noch viel mehr übrig als nach den Initiativen der deutschen Landeskirchen, die so gut wie gar keine originäre Energie erzeugen – und denen ich mich nun zuwende.

»Als ich mein Land krepieren sah, merkte ich, wie sehr ich es liebe«, schrieb der Autor Gustave Flaubert 1871 nach der französischen Niederlage gegen die Deutschen. Mir geht es genauso, wenn ich an Europa denke – diesen Kontinent, der aufgebaut ist auf der christlichen Lehre, der antik-griechischen Weisheit und dem römischen Verwaltungsgeschick. Neulich habe ich die französischen Kathedralen und die italienischen Renaissance-Städte besucht, und mir ist bewusst geworden: So viel Schönheit wird vermutlich nie wieder geschaffen werden. Es sei denn, irgendwann fangen die Roboter an, von selbst zu bauen. In den letzten tausend Jahren ist Europa über sich hinausgewachsen. Jetzt faltet es sich träge zusammen. Vor allem Deutschland sonnt sich noch im Glanz seiner Wirtschaftsleistung. Aber wenn in ein paar Jahren die Babyboomer anfangen, in Rente zu gehen, beginnt ein unaufhaltsamer Prozess des Kraftabbaus und der Selbstzermürbung.

Als ich vor einiger Zeit für die »Tagesschau« über den »Demografiegipfel« der Bundesregierung berichtet habe, war ich erschrocken über den dort verbreiteten Realitätsverlust. Der Tenor: Wir brauchen mehr berufstätige Frauen, mehr Einwanderer, und wir müssen länger arbeiten. Rezepte dafür, wie das Hauptproblem, die niedrige Geburtenrate, gelöst werden kann, habe ich keine gehört. Auf die Frage, warum man nicht dazu übergeht, das Kinderkriegen gezielt zu fördern, hat mir ein Repräsentant der Bundesregierung versichert: »So was machen wir nicht.« Und warum nicht? »Weil das in Deutschland so ist. Historisch bedingt. Wegen dem Nazi-Mutterkreuz und so.« Stattdessen überboten sich die Minister in unglaubwürdigen Optimismusbekundungen wie: »Wir können es schaffen, den Wohlstand auch bei abnehmender Bevölkerungszahl zu vermehren.« Die Politiker haben gut schwadronieren. Wenn Altersarmut und Pflegenotstand ausbrechen, sind sie längst im gut dotierten Ruhestand.

Das ist der eigentliche Grund für die Unfähigkeit zu nachhaltigen Reformen: Die Anreizsysteme in allen wichtigen Institutionen sind so justiert, dass kurzfristiger Erfolg belohnt wird und alle Anstrengungen, die über eine Wahlperiode oder die Dauer einer befristeten Vorstandstätigkeit hinausreichen, sich nicht lohnen. So verspielt man seine Zukunft: wenn die Beharrungskräfte viel stärker sind als die Veränderungsbereitschaft, wenn mehr Energie im Konsum verbraten als neu investiert wird und wenn die vorhandenen Talente vor allem zur Zementierung des Status quo benutzt werden.

Aus vielen Gesprächen mit Politikern, Journalisten und Wissenschaftlern weiß ich, dass die theoretische Veränderungsbereitschaft sehr hoch ist. Praktisch ist sie nach wie vor bei null. Denn keiner will mit dem Verändern bei sich selbst anfangen. Nicht zur Disposition steht vor allem die Leitreligion der Spätmoderne: die Selbstvergötzung. Wer von der Maxime, dass jeder Lebensentwurf gleich gut und fördernswert ist, abweicht, wird als Hardliner beschimpft. Mir fällt auf, dass ich immer öfter Sätze höre wie: »Laut darf man das ja nicht sagen. Aber ich finde ...« (... dass wir eine Einwanderungspolitik brauchen, die sich an Nützlichkeitserwägungen orientiert); »Behalt's für dich, aber ich finde ...« (... dass die steuerliche Förderung von gleichgeschlechtlichen Partnerschaften unsinnig ist); »... öffentlich würde ich das so nicht von mir geben, aber ich finde ...« (... dass der Islam nicht zu Deutschland gehört). Der öffentliche Diskurs findet nur unter der strengen Aufsicht von Zeitgeist-Gouvernanten statt, die immer noch glauben, dass die radikale Auflösung aller traditionellen Bindungen die Menschen freier und besser macht.

Nirgendwo ist die Reformunfähigkeit stärker ausgeprägt als bei den Kirchen. Ich schreibe hier als protestantischer Insider, der seine Kindheit und Jugend in einem Pfarrhaushalt verbracht hat. Ich kenne die Mühen der kirchlichen Ebene, habe jahrelang im Kindergottesdienst mitgearbeitet, die Jugendarbeit organisiert, den Gemeindebrief herausgegeben, Filmabende veranstaltet und jeden Gottesdienst vor Ort besucht. Ich bewundere nicht nur meinen Vater, sondern auch viele seiner Kollegen für ihr Engagement, das sich eben nicht nur auf die Predigtvorbereitung beschränkt. Sie müssen sich um die Reparatur der Kirchenorgel und des lecken Gemeindehausdachs kümmern; sie betreuen Trauernde und besuchen Sportvereine; sie sind für seelsorgerliche Notfälle rund um die Uhr erreichbar und müssen sich auch noch mit renitenten Presbytern und abgehobenen Superintendenten herumschlagen. Viele von ihnen kämpfen mit vollem Einsatz.

Umso wütender bin ich über die gesamtinstitutionelle Schwäche der Kirche, über die Trägheit der Landeskirchenämter, Theologie-Fakultäten und Synoden. Hier wird ungefähr so viel Adrenalin freigesetzt wie bei Mutter-Kind-Kuren auf Norderney. Den protestantischen Eliten kann man viel nachsagen, aber eins nicht: dass sie Begeisterung entfachen. In einer Zeit, in der sie eigentlich um jedes Mitglied kämpfen müssten, setzen sie weiter auf ein wohltemperiertes Kulturchristentum. Dabei lässt sich von jedem mittelmäßigen Werbefachmann lernen: Nur Botschaften, die eine große emotionale Wirkung entfalten, werden konserviert und weitertransportiert. Bischofsworte zum Mindestlohn jedenfalls nicht.

Während der viel kritisierte Joseph Ratzinger als Papst Benedikt XVI. die Zeichen der Zeit erkannt hatte und versuchte, die katholische Kirche vom Mega-Trend des diesseitsfixierten Hedonismus abzukoppeln, hoppeln die meisten evangelischen Bischöfe hinter allem her, was von den Feuilletons als fortschrittlich und emanzipatorisch gefeiert wird und dabei in der Regel nur der Zementierung des Status quo dient.

Den folgenden Satz können sich alle Christen – ob katholisch oder evangelisch, landes- oder freikirchlich – nicht oft genug laut vorsagen:

Die Macht von heute ist immer auf die Ideen von gestern aufgebaut.

Wer heute in den Behörden oben sitzt, hat sich vor vielen Jahrzehnten dahin aufgemacht und hat in der Regel zu dem, was zukunftsfähig ist, wenig beizutragen.

Zukunftsfähig wäre es, wenn die Landeskirchen voll auf Mission setzen würden.

Aus meinen Gesprächen mit Kirchenfunktionären habe ich aber die traurige Erkenntnis gezogen: Mehr als über zehntausend Bekehrungen bei »Pro Christ« freuen sie sich über einen kirchenfreundlichen Artikel in der »ZEIT«, der »Süddeutschen Zeitung« oder der »taz«. Einem Freund von mir, der als Pfarrer arbeitet, wurde während einer kirchlichen Weiterbildung erklärt, es gäbe mit liberalen Juden und Muslimen größere inhaltliche Schnittmengen als mit Evangelikalen. Dabei gehen aus deren Umfeld die einzigen erfolgreichen Missionsprojekte hervor.

Besonders deutlich wird das in der Hauptstadt. Die aus der evangelikalen Bewegung kommenden Neu-Gemeinden geben den Takt und das Tempo vor. Das Landeskirchen-Establishment steht abseits, steril, traditionsverhaftet und unfähig, auch nur eine einzige eigene missionarische Initiative zu entwickeln. Während mein E-Mail-Fach und mein Facebook-Account überquellen von Einladungen zu hippen Freikirchen-Events, habe ich vom Kirchenkreis Berlin-Mitte, an den ich jährlich einen nicht unbeträchtlichen Teil meines Einkommens überweise, noch nicht eine einzige E-Mail bekommen, und die Lieferung des gedruckten Gemeindebriefs wurde nach einer einzigen Sendung auch eingestellt. Es gibt offenbar andere Prioritäten als die Mitgliederpflege. Zum Beispiel den groß angekündigten Bau eines multireligiösen Gebetszentrums. Oder die Durchführung eines Festgottesdienstes zum schrill-schwulen »Christopher Street Day« – ausgerechnet in der ehrwürdigen St.-Marien-Kirche, in der früher Paul Gerhardt gepredigt hat. Nun traten hier der Superintendent von Berlin-Mitte, Bertold Höcker, auf sowie der »Orden der Schwestern der perpetuellen Indulgenz«. In deren Satzung ist zu lesen: »Viele Mitglieder praktizieren individuelle spirituelle Disziplinen und Riten: Buddhismus in seinen mannigfaltigen Erscheinungsformen und vielerlei andere fernöstliche Formen der Spiritualität, westliche heidnische alte Kulte und Riten wie den Kult der Großen Göttin und Mutter.« Diese homoerotische Sex-und-Spiritualitätsblabla-Truppe war zuständig für die Fürbittengebete. Contra scriptura statt sola scriptura. Wenn Luther heute lebte, würde er nicht 95 Thesen an die Kirchentür zimmern. Er würde die Tür eintreten – und dann aus der Kirche aus.

Superintendent Höcker ging ein paar Monate später sogar noch weiter. Als der Lesben- und Schwulenverband Berlin-Brandenburg die missionarische Aktion »Pro Christ« und deren Hauptredner Pfarrer Ulrich Parzany – den langjährigen CVJM-Generalsekretär und wohl einflussreichsten deutschen Evangelisten der letzten Jahrzehnte – als »homophob« diffamierte, signalisierte Höcker in seiner Antwort vollstes Verständnis. Er bedauere, so zitierte das Nachrichtenmagazin »idea-spektrum« aus dem Brief, dass die Kirche »in den Ruch« gerate, homophobe Äußerungen zu unterstützten: »Wir haben aus den Erfahrungen mit dieser Organisation gelernt. So darf Ulrich Parzany aufgrund seiner homophoben Aussagen nicht mehr in der Kaiser-Wilhelm-Gedächtniskirche predigen. Dass ihn immer noch einzelne Gemeinden die Wortverkündigung erlauben, zeigt, dass auch wir weiterhin unsere Hausaufgaben machen müssen.« Ich selbst war in der Kaiser-Wilhelm-Gedächtniskirche anwesend, als Parzany jene Aussage machte, die ihn zum Homophoben stempeln soll. Er wies, in einem Nebenaspekt seiner Predigt, auf den biblischen Befund zu homosexuellen Praktiken hin. Das reichte offenbar für ein Kanzelverbot. Unglaublich: Die Kirche stellt ihre besten, verdientesten, erfolgreichsten Verkünder ins Abseits, während ein Gotteshaus nach dem anderen wegen Mitgliederschwund geschlossen wird!

Wenn ich im Bekanntenkreis die Kirche kritisiere, wird mir manchmal Schwarzseherei vorgeworfen. Die Kirche sei eben doch besser als ihr Ruf. Mittlerweile sei sie sogar offen für missionarische Initiativen. Man dürfe die Hoffnung nicht aufgeben ...

Allein: Mir fehlt der Glaube an die Zukunftsfähigkeit der evangelischen Bürokratie. Auch von ihrer Relevanz bin ich immer weniger überzeugt.

Als das Bundesverfassungsgericht seine jüngsten Urteile zum Themenkomplex »Homo-Ehe« vorbereitete, sollte auch der Sachverstand der evangelischen Kirche eingeholt werden. Aber die erschien gar nicht erst zur Anhörung. Warum auch? Versteht sie ihre Rolle doch zunehmend darin, gesellschaftliche Prozesse zu moderieren und abzusegnen, anstatt sie kritisch zu hinterfragen.

Den finalen Offenbarungseid leistete sich die EKD ein paar Monate später mit ihrer »Orientierungshilfe« zum Familienleben. Verantwortlich für das skandalöse Dokument war eine Kommission unter dem Vorsitz von Christine Bergmann, also ausgerechnet der Ex-Familienministerin, die sich vor Jahren wie kaum eine andere für die Einführung der Abtreibungspille stark gemacht hatte.

Man war also gewarnt.

Und dennoch schockiert – von dem hanebüchenen Stuss, den Bergmann und ihre dreizehn Ko-Autoren da verbockt haben. Wer sich durch die gestelzt formulierten 160 Seiten quält, gegen die sich jedes Parteiprogramm spannend wie ein John-Grisham-Thriller liest, kann nur zu einem deprimierenden Schluss kommen: Die Autoren und Befürworter der »Orientierungshilfe« haben jedes Bewusstsein für die Wirklichkeit des allmächtigen Gottes verloren; sie leiden – man muss es so brutal formulieren – an theologischer Demenz im fortgeschrittenen Stadium. Als »Grundton« der Bibel bezeichnen sie den »Ruf nach einem verantwortlichen Miteinander«. Mit anderen Worten: Wir sollen nett zueinander sein und zwar möglichst verbindlich, wenn nicht ... passiert auch nichts. Von göttlichen Konsequenzen für Fehlverhalten ist jedenfalls nirgendwo die Rede. Der biblische Leitbegriff des »Gehorsams« taucht nur an zwei Stellen auf – jeweils in negativem Zusammenhang –, das Wort »Sünde« nur einmal – auch aus kritischer Distanz –, dafür 35-mal die Modevokabel »Verantwortung«. Im Hinblick auf homosexuelle Lebensgemeinschaften dekretieren die Freestyle-Exegeten, diese seien »als gleichwertig anzuerkennen«. Wilde Ehen und Ehebrüche werden auch nicht problematisiert. Vielmehr heißt es: »Die Erleichterung von Trennungen und Scheidungen, das Entstehen von Patchworkfamilien, homosexuelle Partnerschaften mit und ohne Kinder bringen offene Fragen mit sich.« Offene Fragen? Dabei wimmelt es in der Bibel von sehr klaren, wenn auch unbequemen Antworten. Auch die fast zweitausendjährige christliche Tradition spielt für die EKD-Kommission so gut wie keine Rolle. Augustinus und Thomas von Aquin, Calvin und Zwingli – sie werden an keiner Stelle zitiert, stattdessen geradezu ehrfurchtsvoll der linke Gerechtigkeitstheoretiker John Rawls, der vor vierzig Jahren populär war.

Mein Fazit: Das ärgerliche Traktat verströmt den Mief von lila Latzhosen, die nicht nur aus den Siebzigern kommen, sondern seitdem auch nicht gewaschen wurden. Denn die Zeiten haben sich geändert. Und wie. Immer mehr Menschen – irregeleitet von ihren eigenen diffusen Sehnsüchten und angelockt von den Versprechungen des freien Marktes – wollen wieder klare Kante. Doch während Bücher über »Willensstärke« und »Disziplin« die Bestsellerlisten stürmen und es im Trend liegen würde, sich mit der neuen Sehnsucht nach guter Autorität zu beschäftigen, verramschen die Kirchenführer und ihre Hof-Theologen die letzten Prinzipien. Anders als sie glauben, brausen sie nicht auf dem Weg in die Zukunft der Sonne entgegen, sondern tuckern auf Rollatoren geisterfahrend in die entgegengesetzte Richtung – zurück in die Ära antiautoritärer Spießigkeit. Man muss ihnen zurufen: Hört auf, macht den Weg frei und geht in Rente oder kehrt um.

Allerdings werden diejenigen, die das laut herausschreien, noch vom vielstimmigen Chor der Kirchenfunktionäre und -sympathisanten übertönt. Noch ist die EKD nämlich ein Machtfaktor, dem sich karrierebewusste Politiker, Rundfunkredakteure und Wissenschaftler ungern entgegenstellen. Gleichzeitig kenne ich keinen einzigen missionarisch engagierten Pfarrer, der nicht laut klagt über die mangelnde Unterstützung durch die eigene Hierarchie. Im Gegenteil: Immer wieder treffe ich hoch talentierte Vikare, die ohne feste Anstellung bleiben, weil ihre Bekenntnisfreude den Vorgesetzten nicht gefällt.

Ein paar Mal habe ich im Gespräch mit Bischöfen meine Kritik offen formuliert. Die Reaktion? Hochgezogene Augenbrauen, leicht nach unten gebogene Mundwinkel, gespreizt aneinandergehaltene Fingerkuppen und ausweichende Antworten. Tenor: »Alles nicht so einfach, junger Mann. Alles kompliziert.«

Neulich stellte die EKD wieder eine Studie vor. Es ging darum, welche Predigten bei den Kirchenmitgliedern gut ankommen. Ergebnis: Die Sprache solle »zeitgemäß« sein, der Inhalt solle »Zuversicht« vermitteln. Anders als Luther, der dem Volk aufs Maul schaute, um anschließend umso deftigere Predigten zu halten, redet die Kirche dem Volk nach dem Mund. Um die zwei stärksten menschlichen Gefühle – die Angst und die Ekstase – laviert die evangelische Kirche mit größtmöglichem Abstand herum. Nur selten ist von der existenziellen menschlichen Verlorenheit die Rede, genauso wenig von der göttlichen Majestät. Und wenn Gefühle bedient werden, dann vorzugsweise die von klassikverliebten Bildungsbürgern.

Ziemlich grotesk mutet da der Aufwand an, der für das Reformationsjubiläum im Jahr 2017 getrieben wird. Was gibt es eigentlich zu feiern, wenn das Kerngebiet der Reformation, nämlich Ostdeutschland, fast so atheistisch geworden ist wie Nordkorea? Überhaupt wirken die vielen Luther-Referenzen heuchlerisch. Denn insgeheim graust es den angepassten Klerikern vor dem leidenschaftlichen Vollmenschen aus Eisleben. Viel näher sind sie bei der Gegenfigur zu Luther, dem feinsinnigen Erasmus von Rotterdam, der kluge Traktate verfasste, aber keine Bewegung in Gang setzte.

Ich will an dieser Stelle kein Bischöfe-Bashing betreiben. Die aktuelle Misere ist nämlich nicht personaler, sondern wieder einmal systemischer Natur. Der christliche Glaube an sich ist rebellisch und subversiv. Bürokratien, auch kirchliche, zielen genau in die andere Richtung. Sie sind darauf angelegt, Lebensläufe planbar und Budgets kalkulierbar zu machen. Die evangelischen Spitzenleute erfüllen deshalb emsig-artig die Funktion, für die sie gewählt wurden: den Laden am Laufen zu halten und den säkularistischen Zeitgeist mit vorhersehbaren Statements zu bedienen. Damit ernten sie allerdings nicht den Respekt, sondern die Geringschätzung der meisten Journalisten, die ich kenne. Ich bin überzeugt: Unsere Bischöfe würden anders reden, wenn sie wüssten, mit welch spöttischem Grinsen und bissigen Kommentaren ihre Kanzelsprüche zum Weltfrieden von vielen Journalisten quittiert werden.

Das Gekungele mit der intellektuellen Avantgarde befördert außerdem die Austrittswelle. In der Religionssoziologie hat sich längst die Erkenntnis durchgesetzt: Nur der Glaube, der mehr kostet als nur die Kirchensteuer, ist etwas wert. Nur Spiritualität, die mühsam und manchmal aufopferungsvoll eingeübt wird, wächst. Nur eine Doktrin, die nicht nur einseitig »Freiheit« und »soziale Gerechtigkeit« predigt, sondern auch das menschliche Grundbedürfnis nach Autorität, Loyalität und moralischer Reinheit bedient, ist marktfähig. Deshalb verschwinden in den USA die liberalen »Mainline«-Denominationen allmählich in der Bedeutungslosigkeit. Weil immer weniger Gläubige ein paar Dollar lockermachen für die Verkündigung eines Gottes, der nicht von den Toten auferstanden ist, der keine Wunder tut und von dem fraglich ist, ob er überhaupt existiert – und wenn, ob er nicht doch vielleicht »Göttin« oder »Allah« gerufen werden will.

Der amerikanisch-libanesische Vordenker Nassim Nicholas Taleb, der unter anderem den letzten Börsencrash vorhersagte, widmet sich in seinem neuen Buch »Antifragilität« der Funktionsfähigkeit von Institutionen. Talebs These: Je größer eine Bürokratie, desto mehr ist sie an langfristiger Planbarkeit interessiert und desto hilfloser steht sie unvorhersehbaren Entwicklungen gegenüber. Auf die Kirche bezogen heißt dies: Die Säkularisierung der Gesellschaft erwischt eine Kirche, die durch und durch mit der Gesellschaft verfilzt ist, auf dem falschen Fuß. Dazu passt auch Talebs Charakterisierung von Verlierertypen. Ein »Loser« ist Taleb zufolge jemand, »der einen Fehler nicht zur kritischen Bestandsaufnahme nutzt, der die Chance nicht nutzt, sondern in einer Verteidigungspose beharrt, anstatt sich für den Lerngewinn zu bedanken und umzusteuern«. Der Kirchenapparat ist ein solcher Loser. Er verhält sich so wie die Maya oder die Etrusker oder so ziemlich alle Zivilisationen, die inzwischen untergegangen sind. Im Angesicht der Krise behielten sie die alten Strategien bei, verdoppelten zwar die Anstrengung, steuerten aber nicht radikal um.

Ich sehe, ehrlich gesagt, nur eine Chance zur Selbsterneuerung der evangelischen Landeskirchen in Deutschland. Der Impuls dazu muss allerdings von außen kommen: nämlich von den vernünftigen evangelischen Freikirchen und von den engagierten Christen innerhalb der Landeskirchen, die es leid sind, die Stühle zu stellen und die Kinderbetreuung zu erledigen, aber bei allen theologischen Richtungsentscheidungen überstimmt zu werden. Sie müssten die EKD-Mitgliedskirchen endlich in eine Situation zwingen, die real längst existiert, aber ignoriert wird: eine Wettbewerbssituation. Noch kann die Amtskirche sich es nämlich offenbar leisten, ihren Pastoren-Nachwuchs von Theoretikern ausbilden zu lassen, die selbst zuverlässig jede Dorfkirche leer predigen. Das ist genauso absurd wie wenn man die Ausbildung von Fußballtrainern in die Hände von Sportphilosophen legen würde.

Klipp und klar: Eine starke, geeinte und vor allem institutionalisierte Bekenntnisbewegung muss her – die beim trägen Volkskirche-Behemoth endlich den nötigen Veränderungsdruck erzeugt. Freilich mit der Perspektive, dass sich das kirchliche Lager irgendwann auch organisatorisch in einen liberal-säkularistischen und einen konservativ-missionarischen Teil aufspaltet. Die Zeit dafür war nie reifer als jetzt, kurz vor dem Reformationsjubiläum.

Menschen lassen sich durch Liebe verändern.

Institutionen lassen sich nur durch Druck verändern.

Die Freikirchen und einige der missionarisch eingestellten Landeskirchen sollten sich ein Beispiel an der Linkspartei nehmen, die auch erst im Zusammenschluss kleinerer Parteien über die Fünf-Prozent-Hürde kam. Und sie müssen sich von dem Mythos verabschieden, dass eine effiziente Infrastruktur durch unzählige sogenannte »missionale« Projekte ersetzt werden kann. Der Letzte, der einen massiven Kulturwandel ohne institutionellen Hebel in Gang gesetzt hat, war nämlich Jesus Christus. Allerdings spielten lokale Sozialeinsätze – wenn man nicht auch die Wunder darunter subsumiert – dabei eine eher geringe Rolle. Irgendwie ist es doch erstaunlich: Während seiner gesamten Jugend- und Jungerwachsenenzeit führte Jesus sich vermutlich genauso auf, wie manche Kritiker von klassischer Frontal-Mission es sich vorstellen: unauffällig, unaufdringlich, ein netter Kerl und guter Nachbar halt. Da er sich in dieser Zeit zweifellos keine Lieblosigkeit zuschulden kommen ließ, sondern im Gegenteil dem Gebot der Nächstenliebe ausgiebig Rechnung trug, muss er ziemlich beliebt gewesen sein, ein dufter Typ, Everybody's Darling. Das hindert die Bewohner von Nazareth aber nicht daran, ihn umbringen zu wollen, nachdem sie ihn zum ersten Mal haben predigen hören (Lukas 4,30). Der Einfluss von Jesus auf die zeitgenössische Kultur war gleich null. Seine Botschaft brauchte Jahrhunderte, um sich zur Massenbewegung zu entwickeln.

Wie heikel es ist, bei der Verbreitung des Evangeliums vor allem auf das gelebte Zeugnis zu setzen, zeigt die folgende Begegnung: Ein aus den USA eingeflogener Professor einer Elite-Universität dozierte vor zwei Dutzend christlichen Führungskräften in Deutschland darüber, wie der Glaube heutzutage effektiv kommuniziert werden solle. Nicht durch spaltende Rhetorik, schärfte er uns ein, sondern durch ein gewinnendes Auftreten – die Praxis der Liebe eben. Neben ihm saß eine zwanzig Jahre jüngere, bildschöne Frau – seine Ehefrau. Von seiner ersten Gattin hatte er sich vor Kurzem scheiden lassen. Ich kann den Mann weder be- noch verurteilen. Menschen sind fehlbar, und womöglich hatte er sich selbst gar keinen Fehler zuschulden kommen lassen. Trotzdem empfand ich die Situation und sein

Zeugnis als zwiespältig. Mir wurde jedenfalls klar: Wir müssen die Menschen dazu bringen, dass sie nicht in erster Linie auf uns schauen, sondern auf Jesus – und sich seine zum Teil harten Ansagen anhören. Wir überfordern uns, wenn wir uns als wandelnde Plakatwände sehen.

Ich selbst habe mich in allen möglichen Sportvereinen, Stiftungen und Projekten engagiert. Ich habe großartige Erfahrungen gemacht, die ich nicht missen möchte, und ich habe damit auch einen Beitrag zum Gemeinwohl geleistet. Bekehrt hat sich durch mein non-verbales Engagement aber, soviel ich weiß, niemand. Überdies: Ich habe in den zwanzig Jahren, in denen ich für säkulare Medien arbeite, fast nie erlebt, dass eine soziale Aktion mit christlichem Hintergrund zum Gegenstand von Diskussion oder gar Bewunderung wurde (zu den Ausnahmen, die mir einfallen, gehören die Hilfswerke »Die Arche« und »World Vision« sowie das Strafvollzugsprojekt »Seehaus Leonberg«). Warum auch – in einer Zeit, in der jede Baumarkt- oder Burgerkette aus ihrem Marketing-Etat auch noch ein paar Millionen für gute Werke abzweigt.

Ein großflächiger gesellschaftlicher Wandel ist mit Hausaufgabenhilfe und Dritte-Welt-Sammelaktionen nicht zu erzielen.

Am Anfang steht eben nicht die Tat, wie Goethes Faust fälschlich proklamiert, sondern das Wort. Das Bekenntnis. Und die daraus abgeleitete Entscheidung, das eigene Leben in den göttlichen Verfügungsrahmen zu stellen.

Christsein ist nicht eine Frage des Stils, sondern der Autorität.

Schließlich geht es nicht darum, dass ein bestimmter Lebensstil möglichst viele Nachahmer findet. Es geht darum, unter welcher Autorität die Menschen leben.

Das Reich Gottes ist nämlich da, wo Menschen unter der Herrschaft Gottes leben, das heißt: ihr Leben an seinem Willen ausrichten.

Und das werden immer wenige sein.

Der Herrschaftsanspruch Gottes schreckt ab – und zwar alle, die sich in ihre Lebensplanung von keinem – außer vielleicht von der Konsumindustrie – hineinreden lassen möchten.

Viele Christen gehen fälschlich davon aus, dass es bei gesellschaftlichen Transformationsprozessen so ähnlich funktioniert wie mit einem Stein, der im Wasser Kreise zieht, oder mit einer Flamme, die einen Brand auslöst: Individuelle Veränderung geschieht nach dieser Vorstellung von innen nach außen und gesellschaftliche Veränderung von unten nach oben. Anders formuliert: Das Ich formt seine Umgebung und die Basis ihren Überbau.

Leider ist das Gegenteil richtig.

Uns prägt unsere Umgebung mehr als umgekehrt, und die Umgebung wiederum wird mehr »top down« geformt, also von den herrschenden Eliten, als »bottom up« von den normalen Bürgern. Die urchristlichen Splittergruppen und Hausgemeinden formierten sich erst dann zu einer schlagkräftigen Bewegung, als Angehörige der antiken Oberschicht sich an die Spitze stellten.

So unromantisch das klingt: Letztendlich geht es immer um Stärke, und keiner ist so stark wie die Menschen, die an den Knotenpunkten der entscheidenden Netzwerke sitzen oder zumindest dafür qualifiziert sind. Auch die Vertreter der 68er-Bewegung konnten nur deshalb durch die Institutionen marschieren, weil deren Schlüsselpersonen mehr oder weniger freiwillig die Plätze räumten und weil der zeitgeistige »Wind of Change« den Wechsel begünstigte.

Struktureller Wandel ist kompliziert, langwierig und nicht durch ein paar fromme Appelle zu erledigen. Trotzdem wird auf vielen christlichen Kongressen weiter so getan, als würde sich das Christentum viral ausbreiten, also durch zwischenmenschliche Ansteckung, und nicht durch einen äußerst zähen Prozess, der von starken Strukturen getragen wird.

Wenn seit Jahrzehnten auf Glaubenskonferenzen dieselbe Platte (»Erweckung«, »Aufbruch«, »Jesus-Revolution«) abgespielt wird, aber die Botschaft nicht über die eigenen Hauskreise hinauskommt, sollte die Konsequenz eigentlich klar sein: Ein besserer Verstärker und größere Lautsprecherboxen müssen her. Aus meiner eigenen Berufserfahrung ergänze ich: Wer als Kirche oder Kirchenverbund nicht mindestens eine Million verbindliche Mitglieder, eine verständliche Agenda und talkshowkompatibles Spitzenpersonal vorweisen kann, findet in der breiten Öffentlichkeit gar nicht statt.

Aber die vielen Pietisten, Evangelikalen, Konservativen, Bekennenden, Emergenten, Missionalen, Bibeltreuen, Pfingstlerischen, Charismatischen und Gemäßigt-Charismatischen wissen ja noch nicht einmal, welchen Namen sie sich geben sollen, geschweige denn welche Struktur und welches Credo. An den Rändern, in der Provinz und in den Nischen lebt es sich auch einfacher, zumal die Anzahl der zu verteilenden Pöstchen viel größer ist und der Qualitätsanspruch geringer.

So aber wird die Chance vertan, sich kraftvoll als die wahren Erben des Ex-Augustinermönchs Luther, des Pastors Dietrich Bonhoeffer und der Kinder einer ehemaligen Diakonisse, Sophie und Hans Scholl, zu positionieren. Die missionarischen Evangelischen haben den liberalen Protestanten nämlich nicht nur die bessere Lehre, sondern auch die eindrucksvollere Traditionslinie voraus. Sie führt von Spener, Francke und Zinzendorf geradewegs in die größten Erweckungen aller Zeiten, denen heute über eine Milliarde Menschen ihren Glauben verdanken. Der alternative Strang führt vom kastrierten Evangelium eines Schleiermachers oder Bultmanns geradewegs in die Selbstauflösung.

Die breite Öffentlichkeit weiß davon nichts. Sie verbucht die Evangelikalen und ihre Artverwandten nach wie vor unter »Fundamentalisten« – nicht ganz so gefährlich wie die Salafisten und nicht ganz so skurril wie die Piusbrüder, aber trotzdem irgendwie schmuddelig und unseriös. So gesehen ist es schon ein erheblicher Erfolg, wenn trotzdem einige Pietisten bei den vielen Festgottesdiensten zum Reformationsjubiläum 2017 dabei sein dürfen – irgendwo ab der vierten oder fünften Reihe.

Die missionarisch eingestellten Christen, die eher auf Kuscheln als auf Kampf setzen, deuten meiner Ansicht nach die Zeichen der Zeit falsch.

Die »Alles-geht-nichts-steht«-Botschaft der Spätmoderne ist *maximal*invasiv, das heißt: Sie stößt bis ins Innerste unserer Gehirne vor. Durch das Internet werden schon Minderjährige zu bindungslosen Alles-Konsumenten erzogen. Mit einer *minimal*invasiven Verkündigung, die nur unverbindliche Verbesserungsvorschläge macht, aber keine kantigen Ansagen, kann man das Reich Gottes nicht bauen. Die Konfusion über das, was wirklich zählt, wird zunehmend auch die eigenen Kreise erfassen.

Aber vielleicht wollen wir alle es nicht anders? Vermutlich trifft auf uns zu, was mir ein Teilnehmer des »Demografiegipfels« hinter vorgehaltener Hand gesagt hat. Im Gegensatz zu den offiziellen Rednern mit ihren Durchhalteparolen gestand er, dass der Bevölkerungsrückgang zu Massenarmut und der Verödung ganzer Landstriche führen wird. Warum dennoch nur an den Symptomen gearbeitet wird, statt die ganze Sozial- und Familienpolitik radikal umzubauen, erklärte er lapidar so: »Uns geht es noch zu gut.«

Es gibt allerdings eine Entwicklung, die mir große Hoffnung macht – im Hinblick auf Amerika, Europa, ja die ganze Welt. Ich meine die organisatorischen Möglichkeiten, die das Internet bietet. Hier ist es ohne große Kosten und Personalaufwand möglich, eine Infrastruktur zu schaffen, in der Christen aus aller Welt und allen Konfessionen sich vernetzen und zu wichtigen gesellschaftspolitischen Anliegen formieren können. Zusätzlich zur Ebene der unzähligen Vor-Ort-Gemeinden könnte hier eine zweite nationale oder gar internationale Ebene entstehen, auf der Christen erfahren, dass sie Mitglieder einer starken Einheit sind. Vielleicht ergeben sich hier auch ganz neue Koalitionen zwischen gleichgesinnten Evangelischen, Katholischen, Orthodoxen und Charismatischen. Das Ziel ist es, möglichst viele Menschen zum rettenden und befreienden Glauben an Jesus Christus zu bringen. Die gesellschaftlichen Hauptgegner sind dabei diejenigen aggressiven Säkularisten, die nicht nur jede Transzendenz negieren, sondern auch deren Anhänger lächerlich machen.

Vielleicht wachen die Christen aber erst auf, wenn Deutschland mehrheitlich religionslos, die Kirchensteuer abgeschafft ist und die meisten Kirchen zu Museen und Discos umfunktioniert sind. Die Reformation brach ja auch nicht über blühende Landschaften herein – sondern kam nach Missernten, Seuchen, misslungenen Kreuzzügen und Inquisitions-Verfolgungen. Irgendwann wird sich schon ein neuer Luther, Calvin oder Zwingli finden.

Aber das kann lange dauern.

Sonderlich machtvoll war Gottes Volk nämlich nie. Weder zur Zeit Israels, das nie über den Status einer Regionalmacht hinauskam, noch während der urchristlichen Aufbauphase, die von Streitereien, Spaltungen und Verfolgungen geprägt war. Die römisch-katholische Kirche verdankte ihre Stellung im Hochmittelalter nicht intensiven Gebets- und Fastenzeiten, sondern einer knallharten Durchsetzung ihrer Interessen, wobei sie dem urchristlichen Bild von Kirche immer unähnlicher wurde und schließlich ihre Spaltung provozierte.

So ist das mit dem Reich Gottes.

Es ist schon da.

Aber nicht von dieser Welt.

Umso bemerkenswerter ist deshalb, dass es die Christen nach zweitausend Jahren immer noch gibt. Und zwar als Anhänger des am weitesten verbreiteten und, mit Verlaub, unvergleichlich schönsten Glaubens überhaupt. Tatsächlich verpuffen viele Aktionen, so sehr es auch den Anschein hat, eben nicht, sondern verdichten sich auf lange Sicht zu einer unwiderstehlichen Bewegung. Die Teile sind klein und unübersichtlich verstreut. Erst die Summe macht sie groß.

Vor Kurzem habe ich die vierbändige »Geschichte des Pietismus« durchgelesen – also der Frömmigkeitsbewegung, in deren Tradition ich mich selbst sehe.

Zweitausendfünfhundert Seiten voller Auf- und Abschwünge.

Allerdings überwog das »Ab«, das heißt: der Niedergang. Jedenfalls, wenn man den Fokus auf Deutschland richtet.

Weltweit wächst dagegen die Anzahl der Menschen mit pietistisch-evangelikal-charismatischem Hintergrund.

Bald dürfte die Milliardenmarke überschritten werden.

Gott ist mächtig. Er kommt ans Ziel. Und wir dürfen staunen, bescheiden bleiben und müssen uns vor falschen Erwartungen hüten.

Mythos 4:

GOTT MACHT BRAV

ODER: WARUM AUCH BEI CHRISTEN DER KEUSCHHEITSGÜRTEL LOCKER SITZT

Let's talk about sex.

Schon wieder?

Wird darüber nicht schon viel zu viel geredet?

Stimmt.

Alle reden darüber.

Nur wir Christen nicht mehr oder jedenfalls nur selten und mit peinlich verkniffenen Gesichtern.

Genau darin liegt das Problem.

Nachdem die Kirchen jahrhundertelang mit zeitweise hysterischem Eifer die sexuelle Reinheit in den Mittelpunkt ihrer Moralansprachen gestellt haben, ist auf einmal die große Sprachlosigkeit ausgebrochen, weil niemand seine Zunge an dem heißen Eisen verbrennen will.

Da ich mit diesem Buch aber dabei helfen will, real existierende Spannungen entweder aufzulösen oder aufzuhalten, kann ich nicht schweigen.

Der Wandel, der sich in der alltäglichen Sexualität vollzieht, ist historisch ohne Beispiel. Was hätten unsere Vorfahren gesagt, wenn sie gewusst hätten, was heutzutage in Deutschland Praxis ist?

- Die Legalisierung der Prostitution: Das führt dazu, dass zuweilen sogar die staatlichen Arbeitsagenturen sich dazu hergeben, Frauen an Bordelle zu vermitteln.
- Die Gleichstellung von homo- und heterosexuellen Lebenspartnerschaften – mittlerweile auch in evangelischen Pfarrhäusern. Neuerdings gibt es auch Pfarrer die sich qua Geschlechtsumwandlung zur Pfarrerin verändern.
- Die Akzeptanz von Polyamorie, Swinger-Aktivitäten, Sado-Masochismus.
- Die Etablierung von Promiskuität und serieller Monogamie als Lebensentwurf. Dazu passt, dass der amtierende Bundes-

präsident zwar verheiratet ist, aber im Bellevue mit seiner Geliebten zusammenlebt; früher hätte man das Konkubinat genannt. Sein Vorgänger lebte stattdessen das Patchwork-Familienmodell vor. Auch in Pfarrhäusern ist es längst nichts Ungewöhnliches mehr, dass Geistliche mit ihren Lebenspartnern unverheiratet zusammenleben.

- Die Verbreitung härtester Pornografie ohne effektiven Jugendschutz; die Pornografisierung der Pop-Musik (zum Standardvokabular im Hip-Hop- oder R & B-Genre gehören Begriffe wie »blasen«, »lecken« usw.).

Dabei ist die sexuelle Revolution noch längst nicht an ihr logisches Ziel gelangt: nämlich die totale Relativierung und Auflösung traditioneller Beziehungsmodelle. Weil die gesamte Popkultur dem Honecker'schen Prinzip des »Rückwärts nimmer, vorwärts immer« folgt, wird die Dosis immer weiter erhöht. Im »Campus«-Magazin der ZEIT las ich neulich eine Reportage über einen Porno-Dreh von Studenten. Junge Akademiker wälzten sich nackt und ineinander verkeilt auf dem Boden, eine Kommilitonin hielt die Kamera drauf, eine andere das Licht. Keine große Sache. Normaler Universitätsbetrieb.

Mir ist schleierhaft, wie manche Pastoren da meinen, man solle sich lieber darauf beschränken, über organisches Essen oder Mikrokredite für die Dritte Welt zu predigen.

Wann kapieren diese endlich:

Die Abkopplung des Eros erst von der Ehe, dann von der Liebe unterminiert das, was Menschen und Gruppen brauchen: Beständigkeit, Verlässlichkeit, Planungssicherheit. Deshalb wurde das Sexualverhalten zu allen Zeiten und von allen Völkern reguliert und mit unterschiedlichen Tabus belegt. Wofür das gut ist, zeigt die aktuell hohe Zahl der Teenager-Schwangerschaften, Abtreibungen, Geschlechtskrankheiten, Traumatisierungen. Entgegen der populären Behauptung, nach der sexuelle Freizügigkeit ein Wesensmerkmal moderner Gesellschaften ist, gilt: Zivilisatorischer Fortschritt korreliert mit verbesserter Triebkontrolle und dem Siegeszug der Monogamie.

Wie ein verantwortungsvoller und gottgewollter Umgang mit der Sexualität aussieht, ist jedoch selbst innerhalb der Kirchen höchst umstritten.

Von der Gesellschaft ist die Sexualität längst dem freien Spiel der Kräfte und Triebe überlassen. Anhänger einer traditionellen christlichen Sexualethik, die jeden Sex außerhalb der Ehe ausschließt, werden entweder als Witzfiguren verlacht oder als Quasi-Talibane beschimpft, was angesichts der Prüderie-Exzesse der abendländischen Geschichte auch kein Wunder ist. Schließlich ist es erst ein paar Jahrhunderte her, dass Sodomiten und Ehebrecher an den Pranger gestellt, ausgepeitscht oder gar exekutiert wurden. Ich selbst bin glücklich, dass ich nicht in Genf zu Zeiten Calvins oder in London zu Zeiten Cromwells lebe, sondern im Berlin des frühen 21. Jahrhunderts. Die Stadt hat, wenn man Geschichtsbüchern glauben kann, übrigens schon sündigere Zeiten erlebt. In den Zwanzigerjahren des vorherigen Jahrhunderts waren Nackttanz-Revuen, Nudisten-Veranstaltungen und okkulte Sex-Orgien weit populärer als heutzutage. Angeblich verdienten 150 000 Berliner damals ihren Lebensunterhalt im Rotlichtmilieu.

Abgesehen von solchen Auswüchsen habe ich es im Zweifelsfall lieber bunt und lax als schwarz-weiß und rigoristisch. Und ich begrüße es, dass mir keine Behörden in die romantische Lebensführung hineinreden. Gleichzeitig fühle ich mich zuweilen überfordert von der Freiheit, in die ich gestellt bin. Dazu kommt die Unsicherheit, wie ich die heutige Beziehungskultur angemessen beurteilen soll. Oft fühle ich mich hin- und hergerissen zwischen dem, was ich für biblisch geboten halte und dem, was ich zeitgemäß und akzeptabel finde. Ich lebe schließlich auf dem Boden einer schwankenden Welt und wackle deshalb mit.

Wir leben nicht mehr im Zeitalter der Gebote, die von Gott aufgestellt werden, sondern der Werte, die wir selbst definieren. Und das stellt uns immer wieder vor Konflikte.

Neulich habe ich wieder eine innere Zerreißprobe erlebt: Es war der Höhepunkt einer Konferenz, bei der es um die Frage nach der gesellschaftspolitischen Relevanz des Christseins ging. Vorher hatten Tierschützer, Sozialarbeiter und Anti-Waffen-Aktivisten auf der Bühne gestanden.

Dann kam Ted Haggard nach vorne.

Für den ehemaligen Megakirchen-Pastor und Vorsitzenden der amerikanischen »Evangelikalen Allianz« war es der erste öffentliche Auftritt, seitdem vor ein paar Jahren ein schwuler Masseur ihn als seinen Sex-Kunden geoutet hatte. Inzwischen hatte Haggard seinen Job verloren und seine Ersparnisse aufgebraucht. Als Vertreter tingelte er durchs Land, begleitet von seiner Frau, die immer noch zu ihm hielt. Sie stand auch jetzt an seiner Seite, griff manchmal seine Hand, lächelte ihm zu.

Haggard wiederholte, was er schon oft gesagt hatte, auch in einer Fernsehdokumentation über seinen steilen Aufstieg und noch tieferen Fall: dass er gesündigt habe, dass ihm alles leidtäte, dass er sich sein berufliches Desaster selbst zuzuschreiben habe. Aber er sagte auch, wie sehr er sich verletzt fühlte durch die frostige Ablehnung, die ihm trotz aller Schuldbekenntnisse von vielen Christen entgegenschlug.

Die Zuhörer im Podium nickten ergriffen und schuldbewusst. Der Moderator der Veranstaltung nahm Haggard in den Arm. Beide, so schien es mir, hatten Tränen in den Augen.

Meine eigene Rührung hielt sich damals in Grenzen. Ich dachte an die Zigtausenden von Christen, die durch den moralischen Bankrott ihres Vorbildes in eine Glaubenskrise geraten waren. Es hatte ihn ja niemand gezwungen, sich zur religiösen Leitfigur zu stilisieren und von der Kanzel für einen keuschen Lebenswandel zu werben. Dass es ihm jetzt schlecht ging, war aus meiner Sicht zwar menschlich bedauerlich, aber weit weniger tragisch als das Schicksal von Menschen, die unverschuldet in große Not geraten. Haggard war auf die Nase gefallen. Musste jetzt kleinere Brötchen backen. Und sollte bloß auf dem Teppich bleiben und keine große Comeback-Show zelebrieren.

Dabei war das, was Haggard in Momenten großer Schwäche zugelassen hatte, nicht schlimmer als die Laster, die von vielen biblischen Helden überliefert sind:

Abraham – der seine eigene Frau dem Pharao und später einem mesopotamischen Herrscher als Haremsnutte überließ.

Jakob – der sich seinen Platz in der Ahnenreihe von Jesus durch Erbschleicherei sicherte.

Juda – der seine als Prostituierte verkleidete Schwiegertochter schwängerte.

Ganz zu schweigen von der Chaostruppe, die von Gott als »Richter« rekrutiert wurde: der abergläubische Gideon, der Menschen opfernde Jeftah, der dauergeile Simson.

Die moralische Messlatte, die Gott jedenfalls im Alten Testament anlegt, unterscheidet sich erheblich von der des Viktorianischen oder Wilhelminischen Zeitalters. Die Könige in der Bibel werden vorwiegend nach ihrem Bekenntnis zu Jahwe bewertet.

Heute ergibt sich für Menschen, die ein gottgefälliges Leben führen wollen, deshalb die Frage:

Wie sollen sie es mit dem Sex halten?

Klar ist:

Moralisches Verhalten ist anstrengend. Wann immer wir uns anders verhalten, als unsere Triebe es uns diktieren, müssen wir erhebliche mentale Energie aufwenden. Dabei macht jeder Christ irgendwann die ernüchternde Erfahrung, dass der Heilige Geist kein automatischer Moralverstärker ist.

Ein Stoßgebet – und die Einsicht ist da bzw. die Versuchung weg: Wie schön wäre das! Funktioniert aber nicht so, wie diejenigen Christen wissen, die mit Porno-Sucht oder gegen die Verlockung eines Seitensprungs kämpfen. Wenn das Lustzentrum unseres Hirns durch bestimmte Reize aktiviert wird, geht das innere Ringen los. Und der Ausgang des Clinches hängt davon ab, ob die sündigen Reize stärker auf uns einwirken als die entgegengesetzten Kräfte – etwa verinnerlichte Werte oder der Druck der Kirchengemeinde oder die seelsorgerliche Unterstützung durch Freunde und Mentoren.

Ich wiederhole mich – aber die folgende anthropologische Einsicht ist zu wichtig, um zu riskieren, dass sie überlesen wird: Menschen entscheiden sich bei zwei Alternativen in der Regel für die einfachere, das heißt die, die ihnen weniger Stress verursacht oder mehr Glück verheißt.

Es geht also darum, das Gute leichter zu machen.

Aber was ist das Gute beim Sex?

Hier ist das Problem:

- Laut biblischer Überlieferung und kirchlicher Tradition ist Sex außerhalb der Ehe Sünde. Der Apostel Paulus schärfte den urchristlichen Gemeinden ein, jede Form sexueller Unmoral zu vermeiden – und damit war nach damals gängiger Meinung außerehelicher Sex gemeint.
- Aber auch Christen sündigen. Und zwar, als Folge der veränderten Rahmenbedingungen, immer häufiger auf diesem Gebiet.

Es geht also darum, die richtige Haltung zu dieser sich verschärfenden Spannung zu finden. Ist es überhaupt praktikabel, im Hinblick auf Geschlechtsverkehr und andere sexuelle Praktiken die dunkelrote Linie am Traualtar zu ziehen? Schließlich hält sich Statistiken zufolge auch bei den bekennenden Christen nur eine Minderheit an diese Auflage.

Der Pastor einer Mega-Kirche in den USA hat mir einmal anvertraut, dass die weitaus meisten seiner Gemeindeschäfchen vor der Ehe sexuell aktiv sind, um hinzuzufügen: »Aber in der Ehe sind sie treu, hoffentlich.«

Vorbei, und zwar glücklicherweise, sind die Zeiten, in denen verlobte Pärchen mit Büßermiene vor die Gemeinde traten, um sich für ihre ungewollte Schwangerschaft zu entschuldigen.

Man kann die Schuld auf MTV, die Bravo, die Medien überhaupt schieben: Jedenfalls hat sich die sexuelle Revolution längst auch innerhalb der Kirchen Bahn gebrochen.

Der Mensch ist so.

Ein soziales Tier.

Ein Anpasser an die herrschenden Verhältnisse.

So selbstverständlich es in Antike, Mittelalter und Frühmoderne war, genitale Aktivitäten auf die Ehe zu beschränken, so wenig kompatibel ist das mit dem heutigen Mainstream. Die Devise lautet: jeder nach seinen Wünschen und Bedürfnissen – und nicht nach irgendwelchen tradierten Normen. Wer in den sexualethischen Diskurs einsteigt, muss sich darüber klar werden, dass wir in einer völlig neuen Epoche leben. Die Zeitenwende, nach der alles anders wurde, als es bis dahin war, ereignete sich um das Jahr 1963, also vor genau fünfzig Jahren. Der Playboy war bereits zehn Jahre alt, die Pille soeben auf den Markt geworfen worden, und der Rock 'n' Roll mit seiner permissiven Botschaft eroberte die Jugendkultur. Die Beatles veröffentlichten ihr erstes Album, die Rolling Stones ihre erste Single, Bob Dylan sang »Blowin' in the Wind«, und Ingmar Bergman zeigte in »Das Schweigen«, wie der neue Mensch zwar die Antenne zum Himmel abgeknickt hat, dafür aber umso wildere erotische Aktivitäten entfaltet.

Unter diesem Dreigestirn aus Porno, Pille und Promiskuität leben wir heute. Der Glutkern der Sexualität, jahrhundertelang züchtig bedeckt gehalten, ist freigelegt. Die Schwierigkeit besteht längst nicht mehr darin, Normen aufzustellen, sondern darin, ihnen folgen zu können. Ganz schön schwer, wenn man seit der Kindheit von allen Seiten – Medien, Schule, Universität – darauf getrimmt wird, authentisch zu leben und seinen Gefühlen zu folgen. Sexualverhalten folgt eben, wie überhaupt alles Verhalten, sozialen Anreizen. Deshalb lag der Prozentsatz unehelicher Geburten in Genf unter der Herrschaft der Calvinisten und in England während des Viktorianischen Zeitalters unter drei Prozent, während er heute in Deutschland bei über 30 Prozent liegt – Tendenz steigend.

Leider gibt es kaum statistische Erhebungen über das Sexual- und Beziehungsverhalten unter praktizierenden Christen in Deutschland, dafür umso mehr über das Verhalten angeblich »wiedergeborener« Christen in den USA.

Der Befund ist ernüchternd.

Evangelikale lassen sich fast genauso häufig scheiden wie alle anderen und haben, trotz aller »Wahre-Liebe-wartet«-Kampagnen, fast genauso früh Sex – und zwar ohne Trauschein. Der Fairness halber füge ich hinzu, dass es hierzu widersprüchliche Angaben gibt. Die Zahl der Evangelikalen, die mit dem Sex nicht bis zur Ehe warten, wird mal mit 90, mal mit 80, mal mit 50 Prozent angegeben. Den unterschiedlichen Zahlen liegen unterschiedliche Definitionen von »evangelikal« zugrunde. Je strenger die Definition, desto kleiner die Zahl. Das heißt: Wer oft in den Gottesdienst geht und viel in der Bibel liest, ist außerhalb der Ehe weniger sexuell aktiv. Und noch etwas unterscheidet promiskuitive Christen von ihren weniger religiösen Zeitgenossen.

»Sie haben mehr Schuldgefühle dabei«, verriet mir ein christlicher Sozialwissenschaftler, der eine Studie über »vorehelichen Sex« in Amerika verfasst hatte. Er plädiert dafür, dass Christen sich vor dem übermächtigen Sexualtrieb dadurch schützen, dass sie früh heiraten. Allerdings fügte er einen Warnhinweis hinzu: Bei Ehen, die vor dem 23. Lebensjahr geschlossen werden, besteht ein stark erhöhtes Scheidungsrisiko.

Gute Absichten alleine reichen eben nicht, ebenso wenig wie verbale Appelle an die Willensstärke.

Immer wieder treffe ich junge Christen, die in ihrer Kindheit besonders eng an die Kandare genommen wurden, die ein beinahe neurotisches Verhältnis zur Sexualität entwickelt haben und entweder traumatisiert sind oder aus dem Korsett ausbrechen und sich in Affären stürzen. Leider wird die Erwartung, dass Gott die eigene Belastbarkeit durch übernatürliche Kraftinfusionen stärkt, oft enttäuscht. Nirgends wird der Christ sich seiner eigenen Schwäche und Begrenztheit so deutlich wie in Fragen der Romantik und der Erotik. Das wusste schon Martin Luther. Der Reformator war ursprünglich davon ausgegangen, dass die befreiende Botschaft des Gnadenevangeliums die Gläubigen automatisch zu keuscheren Bürgern machen würde. Aber in Wittenberg verlotterten die Sitten nach dem Wegfall der katholischen Druckmechanismen eher, als dass sie sich besserten. Luther jammerte: »Ich mag solcher Säue nicht ein Hirt sein.« An anderer Stelle formulierte er die zynische Erkenntnis: »Wer nicht heiratet, hurt.«

Wie weit das Wollen, Sollen, Können und Tun auseinanderklaffen, zeigt das Beispiel Lauren Winner. Ich habe die junge amerikanische Pastorin und Autorin nie persönlich getroffen und kann auch nur deshalb so offen über ihren Werdegang schreiben, weil sie es in zahlreichen Büchern selbst getan hat. Den Anfang machte die autobiografische Bekehrungsgeschichte »Girl

Meets God«. Da war Lauren Winner in ihren Zwanzigern und kurz zuvor von der jüdischen zur protestantisch-christlichen Lehre konvertiert. Weil sie schon damals über bemerkenswerten Scharfsinn und eine brillante Formulierungsgabe verfügte, wurde sie zu einer gefragten christlichen Zeitschriften-Autorin. Für besonders viel Aufsehen sorgte ein Artikel, in dem sie eine – für den evangelikalen Mainstream – laxe Haltung beim Thema »voreheliche Sex« an den Tag legte. Sie erwähnte, dass sie und ihr Freund in einem gemeinsamen Hotelzimmer geschlafen hätten. Über sie brach ein regelrechter »Shitstorm« entrüsteter Glaubensgeschwister herein. Winner besänftigte die Gemüter, indem sie kurz darauf das Buch »Real Sex« vorlegte, ein intelligentes Plädoyer dafür, die Sexualität erst nach dem »Ja«-Wort auszuleben. Sie selbst hatte kurz zuvor geheiratet. Sechs Jahre später veröffentlichte sie ihr bis dato letztes Buch »Immer noch Notizen aus einer geistlichen Midlife-Crisis«. Darin verarbeitete sie unter anderem die desillusionierende Erfahrung ihrer Scheidung. Sie selbst hatte sich zu der Trennung von ihrem gläubigen Mann entschlossen. Es hatte einfach nicht gepasst, wie sie fand. Sie hatte sich in der Ehe tiefunglücklich gefühlt. Trotz aller guten Vorsätze und aller keuschen Prinzipien. Jetzt ist sie wieder alleine und arbeitet als Pastorin.

Mir sind zahlreiche weitere Fälle bekannt, in denen Menschen anscheinend alles richtig machen und doch alles schiefgeht. Unlängst hat mir ein ehemaliger Jugendpastor anvertraut, dass sämtliche Paare, denen er in seinen ersten Dienstjahren den Ehesegen zugesprochen hat, inzwischen geschieden sind.

Das ist desillusionierend und außerdem Wasser auf die Mühlen derjenigen, die für eine Lockerung der traditionellen Moralvorschriften eintreten. Sie verweisen darauf, dass der gesellschaftliche Konsens sich in den letzten fünfzig Jahren radikal verändert hat. Während Hoteliers, die damals unverheirateten

Paaren ein Zimmer vermietet haben, noch der Kuppelei beschuldigt werden konnten, werden unverheiratete Paare, die heute getrennte Zimmer buchen, wie Perverse beäugt. Einem befreundeten Pärchen, das weder verlobt noch verheiratet war und bei einem gemeinsamen Urlaub nicht das gleiche Bett teilen wollte, passierte die folgende Geschichte: Bei der Zimmerbuchung baten sie um ein zweites Laken, um damit das zweite Bett in dem Apartment zu beziehen. Der Hotelbesitzer druckste bei seiner Antwort: »Ich will nicht indiskret sein. Aber wenn Sie irgendwelche Spiele mit Öl oder Wachs vorhaben sollten ... Ich will nur sagen: Das Zeug geht da nicht raus.« Als sie ihm mitteilten, sie wollten aus moralischen Gründen zwei Betten belegen, schüttelte er erst recht ungläubig den Kopf.

Die Zeiten haben sich halt geändert.

Aus dieser Motivation heraus stehen christliche Gemeinden vor der Frage: Wie sollen sie sich zur Abschaffung so ziemlich aller Sexregeln – außer denen, die Nötigung und Kinder betreffen – verhalten?

Was tun, wenn es alle tun?

Jedenfalls nicht das, was alle tun.

Christen sind von jeher dazu berufen, der gelebte Gegenentwurf zum Zeitgeist zu sein, als PR-Agenten des Guten, als wandelnde Korrektive.

Der christliche Glaube ist eben nicht dazu da, die gesamtgesellschaftlichen Abläufe etwas besser zu schmieren. Christsein ist nicht affirmativ, sondern rebellisch und konterkariert das Lustprinzip der Masse und den Absolutheitsanspruch des Marktes.

Aus dieser Motivation heraus wagte es Johannes der Täufer, den König Herodes Antipas öffentlich für seinen Ehebruch zu kritisieren. Die neue Frau des Königs zeigte sich wenig tolerant und ließ ihn hinrichten.

Deshalb können die Kirchen, die das Wort Gottes und die christliche Tradition ernst nehmen, nicht so einfach den Keuschheitsgürtel öffnen. Das würde zwar zu einer besseren gesellschaftlichen Akzeptanz führen und die Attraktivität einiger Gemeinden womöglich kurzfristig erhöhen, die langfristige Folge wäre aber vermutlich eine erhebliche Zunahme von Promiskuität innerhalb von Gemeinden.

Klar – und durch viele sozialpsychologische Experimente belegt – ist nämlich: Da, wo es keine klaren Regeln gibt, entscheiden sich Menschen für die Option, die ihnen den größten kurzfristigen Lustgewinn verspricht – also etwa oberflächliche oder destruktive Beziehungen, die sie von Gott und ihrer eigentlichen Bestimmung entfernen. Menschen brauchen eine Ordnung, in der sie sich und ihre Sexualität entfalten können. Sie brauchen auch eine Ordnung der Liebe.

Menschen brauchen glasklare Ansagen, keine Wischiwaschi-Ethik. Sünde – das heißt: sexuelle Promiskuität – verhindert man am wirkungsvollsten, indem man ihren Preis hochtreibt, vor den Folgen warnt, asoziales Verhalten wie Ehebruch sanktioniert. Unverbindliche Empfehlungen wie »Hör auf dein Herz« und »Gehorche dem Liebesgebot« bringen nichts, wenn ein Mann oder eine Frau vor der Entscheidung steht, den Partner zu verlassen bzw. mit dem Liebhaber zu schlafen und sich dem Tanz der Moleküle zu überlassen. Individuen sind damit überfordert, ihr Verhalten nach Gutdünken zu regulieren. Da, wo keine klaren Regeln bestehen, herrscht das Recht der Stärke und der Geilheit. Dann hört der Glaube auch auf, dem Leben eine erkennbare Gestalt zu geben, und er verkommt zu einer gnostischen Existenzphilosophie.

Was aber gilt heute?

In der aktuellen frommen Literatur zu diesem heiklen Thema gibt es leider wenig brauchbare Ratschläge. Viele dieser Bücher, die oft aus den USA importiert sind, kommen aus der Feder von Pastoren und Therapeuten, die in jungen Jahren ihr Bible-School-Sweetheart geheiratet haben und deren Lebenswirklichkeit von meiner eigenen und der meiner Freunde und Kollegen weit entfernt ist. Mehr oder weniger willkürlich dekretieren sie, ab welchem Beziehungsstadium Küssen erlaubt ist, ab wann die Zunge ins Spiel kommen darf, wie viel Nacktheit zulässig ist und ob unter Umständen auch die Hände südlich der Gürtellinie aktiv werden können. Ich finde ihre Empfehlungen eher hilflos; kein Wunder, da auch die Bibel hier keine so klaren Grenzen zieht.

Es geht eben nicht darum, bestimmte Positionen festzuzurren und eindeutige Grenzen festzulegen.

Es geht um die richtige Richtung.

Die christliche Ethik zielt darauf, die Liebe zu fördern.

Und die christliche Sexualethik zielt darauf, die institutionalisierte Form der Liebe, die Ehe, zu fördern.

Die Ehe wird nach biblischem Verständnis lebenslang, einmalig und zwischen einem Mann und einer Frau geschlossen.

Ehrlichkeitshalber füge ich hinzu: Die Ehe ist weder eine jüdische noch eine christliche Erfindung. Auch das Ideal der vor- und außerehelichen Keuschheit findet sich in den meisten Zivilisationen. Deshalb verhielten sich im ersten Jahrhundert die heidnischen Germanen weitaus zugeknöpfter als manche Christen in Korinth, und deshalb ist es in vielen hinduistischen, buddhistischen und muslimischen Regionen um die Monogamie weit besser bestellt als im christlichen Abendland.

Bei einer positiven Sexualethik, die nicht primär auf Regulierung der Sexualität, sondern auf Förderung der Ehe setzt, werden die unterschiedlichen Abweichungen von der Norm auch unterschiedlich gewertet.

Falsch und verheerend sind der Ehebruch und ein promiskuitiver Lebensstil. Unter Letzteres fällt auch das sexuelle Durchprobieren zahlreicher Partner, bis sich endlich die eigene Bindungsbereitschaft einstellt bzw. sich der/die Richtige findet.

Als eine schwere Verfehlung anzusehen sind auch Lieblosigkeiten und Grausamkeiten innerhalb einer Ehe. Ich kann dafür keinen biblischen Beleg anführen, aber ich finde es logisch, dass ein Mann, der seine Frau schlägt, viel klarer gegen das Liebesgebot verstößt als ein Mann, der seine Freundin schwängert. Und überdies gebe ich zu, dass ich lieber in einer Zeit lebe, in der – Umfragen zufolge – die meisten Menschen *mit dem Partner ihrer Wahl* vor der Ehe intim sind, als in einer Zeit, in der die meisten Menschen zwangsverheiratet wurden. Wohin das führt, kann man in dem Ehe- und Ehebruchsroman »Effi Briest« von Theodor Fontane nachlesen. Eine 17-Jährige wird aus Nützlichkeitserwägungen an einen älteren, gefühlskalten Mann verheiratet, lässt sich später auf eine Affäre ein und wird von der eigenen Familie verstoßen und schlussendlich in den Tod getrieben. Als Alternative wäre ihr nach dem Ehrverlust, wie vielen anderen weniger begüterten Frauen in dieser Zeit, die Prostitution geblieben.

Brrr.

Manchmal frage ich mich auch, was in dem jungen Sklavenmädchen Hagar vorgegangen ist, als der greise Abraham sie zum Sex nötigte, um ein Kind zu zeugen. Solche ausbeuterischen Vorfälle waren in der Menschheitsgeschichte jahrtausendelang gängige Praxis.

Gut, dass das vorbei ist.

Damit will ich nicht die physischen und psychischen Folgen der entfesselten Sexualität der Spätmoderne verharmlosen, sondern vor nostalgischen Fehleinschätzungen warnen.

Liebespärchen, die eine Ehe anstreben und vor dem Ja-Wort miteinander schlafen, verfehlen das christliche Keuschheits-Ideal, sind aber anders zu bewerten als promiskuitiv lebende Singles.

Eine biblische Regelung zum richtigen »Dating« gibt es nicht, weil die Eheanbahnung damals völlig anders verlief als heute. Da trafen sich nicht die Verliebten im Café oder in einer Bar, sondern die Familienväter zum Aushandeln einer Transaktion. Die strikten alttestamentlichen Sexualregeln wenden sich vorwiegend an junge Mädchen, deren Jungfräulichkeit geschützt werden soll. Sex vor der Ehe war insofern ein Kapitalverbrechen, weil es das Kapital der Virginität vernichtete. Deshalb ist es auch unwahrscheinlich, dass Paulus mit »sexueller Unmoral« den Geschlechtsverkehr von Verlobten gemeint hat. Frauen konnten es sich zu damaliger Zeit – das heißt auch: vor der Erfindung von Verhütungsmitteln – nicht leisten, ihr erstes Mal bereits vor der Trauzeremonie zu haben, wenn sie nicht mit dem Schlampen-Stigma in die Prostitution und Armut abgedrängt werden wollten. In der antiken Welt gab es viele gravierende Missstände, etwa die Tatsache, dass viele Sklaven sexuell missbraucht wurden oder dass viele Mädchen und Frauen sich aus Armut prostituierten.

Besonders große Rätsel gibt das »Hohe Lied« auf. Wer diesen poetischen Text aufmerksam studiert, kommt nicht um den verwirrenden Schluss herum, dass hier eine sexuelle Romanze (»Seine Linke liegt unter meinem Haupt, und seine Rechte herzt mich«; »Des Nachts auf meinem Lager suchte ich (ihn)«; »Dein Schoß ist wie ein runder Becher, dem nimmer Getränk mangelt«; »Lass uns aufs Feld hinausgehen und unter Zyperblumen die Nacht verbringen«) von zwei Jungverliebten beschrieben wird, die nicht miteinander verheiratet sind. Nicht nur reden sie sich als »Freund« und »Freundin« an; sie leben auch ganz offensichtlich getrennt voneinander. Eine Passage lässt sogar darauf schließen, dass die junge Frau nach dem Verlust ihrer Jungfräulichkeit ausgepeitscht wird (»Es fanden mich die Wächter, die in der Stadt umhergehen, die schlugen mich«). Dieser ziemlich eindeutige Befund ändert nichts daran, dass der schlüpfrige Text in vielen Predigten immer noch als Hymne auf den ehelichen Sex interpretiert wird.

Andererseits fällt auf, dass es in der Bibel – auf immerhin über tausend klein gedruckten Seiten – kaum ein Beispiel für eine glückliche monogame Beziehung gibt. Die Helden des Alten Testaments haben in der Regel mehrere Frauen. Die Helden des Neuen Testaments haben wie Jesus, Johannes der Täufer und Paulus gar keine – oder diese sind, wie im Fall der verheirateten Apostel, nicht näher der Rede wert.

Dennoch ist es gut und nachahmenswert, wenn Christen sich den Koitus für die Hochzeitsnacht aufheben. Allerdings sollten wir nicht so tun, als ob es sich dabei um die selbstverständlichste Sache der Welt handelt. Wer mit dem Sex bis zur Ehe wartet, macht eine heldenhafte Absage an den Ich-jetzt-alles-Zeitgeist und unternimmt einen aufopferungsvollen Akt des Gehorsams.

Die Geschichte des menschlichen Sexualverhaltens zeigt eindeutig: Die Mehrheit der Bevölkerung, auch der Kirchenmitglieder, orientiert sich an dem, »was alle tun«. Wenn die sozialen Kontrollen sehr umfassend sind und die Strafen sehr hoch, sinkt die außereheliche Koitusfrequenz. Wenn die herrschenden Eliten die Zügel lockern, steigt sie wieder. Es sind in der Regel nur besonders leidenschaftliche oder auch prinzipientreue Christen, die sich aus einer Herzenshaltung heraus zurückhalten, bis sie die Eheringe überstreifen.

Noch strittiger als die Frage, wie der Hetero-Sex reguliert werden soll, ist eine andere: Was ist mit Christen, die sich zum gleichen Geschlecht hingezogen fühlen? Männern, die mit Männern Zärtlichkeiten austauschen wollen, und Frauen, denen bei Frauen das Herz pocht und die Haut kribbelt.

Auch sie gibt es in den Gemeinden. Manche verheimlichen ihre Gefühle, und andere begeben sich auf den mühsamen Weg einer Umkonditionierung. Ich habe in meinem Freundeskreis selbst glücklich verheiratete Familienväter, die ihre Prägung als stockschwul bezeichnen und die dafür eintreten, dass genetische und soziale Prägungen nicht schicksalhaft sind.

Aber es gibt auch solche, die den Selbstmord erwägen, weil sie es nicht länger aushalten, sich als pervers, abnorm und jedenfalls unchristlich vorzukommen.

Ich selbst frage mich manchmal, was in schwulen oder lesbischen Zuhörern vorgeht, wenn sie einem Prediger lauschen, der von den Wonnen eines »gesunden Sexlebens« schwärmt – und damit natürlich den heterosexuellen Beischlaf meint.

An dieser Stelle muss ich meine eigene Ratlosigkeit eingestehen. Ich habe zahlreiche homosexuelle Freunde und Bekannte, ich mag und schätze sie und weiß selbst nicht, wie ich meine gefühlte Solidarität mit ihnen und die ziemlich klaren biblischen Aussagen gegen homosexuelle Praktiken zusammenbringen soll. Neulich habe ich einem Bekannten zugehört, wie er vom Krebstod seines gleichgeschlechtlichen Partners berichtete. Er seufzte immer wieder: »Er fehlt mir so! Er fehlt mir so fürchterlich.« Sollen solche Gefühle unzulässig sein? Oder nur die sexuelle Berührung? Ist es okay, die Liebe zwischen zwei Menschen mit dem Verweis auf Bibelstellen zu denunzieren?

Die Einstellung vieler Christen zur Homosexualität verändert sich auch deshalb, weil immer mehr von ihnen schwule und lesbische Freunde oder Familienmitglieder haben.

Was folgt daraus?

Der Apostel Paulus lässt in seinen Briefen an die Gemeinden in Rom und Korinth keinen Zweifel daran, was er für von Gott geboten hält. In beiden Städten war es allgemein akzeptiert, dass junge Männer zu Prostituierten gingen und dass wohlhabende Bürger mit ihren Sklaven schliefen, ob weiblich oder männlich. Paulus lehnt derartiges Verhalten pauschal als unchristlich ab.

Hätte er anders argumentiert, wenn er von eheähnlichen Beziehungen zwischen Männern bzw. Frauen gewusst hätte? Den einschlägigen Stellen zufolge (Römer 1,26 f und 1. Korinther 6,9) vermutlich nicht.

Auch aus den Reden von Jesus Christus kann man eine Bejahung der Homo-Ehe kaum herauslesen. Jesus zeigt zwar immer wieder Verständnis für Menschen, die von der Gesellschaft verurteilt werden: für Ehebrecher und Prostituierte. Allerdings gibt es nicht eine Episode, in der Jesus eine als sündig angesehene Lebensform gutheißt. Mit Jesus ändern sich nicht die Werte, sondern die Prioritäten.

Es fällt allerdings auch auf, dass Jesus in seinen Predigten und Gleichnissen alle möglichen menschlichen Unzulänglichkeiten attackiert, insbesondere den Geiz, den Hochmut, die Unversöhnlichkeit und vor allem die störrische Ablehnung des Evangeliums. An keiner einzigen Stelle polemisiert er gegen Schwule oder Frauen, die unverheiratet schwanger geworden waren. Genau dieser Vorwurf war bekanntlich seiner eigenen Mutter, Maria, gemacht worden. In einer Zeit, in der die Pharisäer den Zeitgeist prägten, hielt Jesus es nicht für nötig, in die gleiche Kerbe zu schlagen, sondern das Geschenk der Gnade zu betonen. Deshalb kommt der verlorene Sohn, der das väterliche Erbe »mit Huren verprasst« hat, bei ihm viel besser weg als der Super-Asket in Gestalt des grummelnden Bruders.

Bis in die heutige Zeit zieht sich das Paradox durch die Kirchengeschichte, dass Gott sein Reich mit Menschen baut, deren private Welt alles andere als »heil« ist.

Den besten Beleg dafür liefert das herrlich-bizarre Leben von Lonnie Frisbee. Er war einer der einflussreichsten Christen des letzten Jahrhunderts und ist dennoch aus den frommen Annalen verschwunden und nur noch Insidern bekannt. Mit seiner langen Hippie-Matte entsprach er dem Klischeebild von Jesus. Als

Achtzehnjähriger schloss er sich einer dümpelnden Mini-Gemeinde in Südkalifornien, der evangelikalen »Calvary Chapel« an, die sich durch seine Predigten in eine Massenbewegung verwandelte. Er war auch der entscheidende Katalysator beim Start der charismatischen »Vineyard-Bewegung«. Außerdem war er Mentor von geistlichen Führungsfiguren wie Greg Laurie. Und er hatte Sex mit Männern. Geschildert wird sein Leben in dem bemerkenswerten Dokumentarfilm »Frisbee: Das Leben und Sterben eines Hippie-Predigers«. Darin kommt ein Freund zu Wort, der sich wundert: »Ich habe damals nicht verstanden, wie Lonnie samstagnachts rummachen und am Sonntag in der Kirche Zeichen und Wunder tun konnte.« Einige von Frisbees Sexpartnern outeten sich in den Achtzigerjahren. Frisbee, der einige Jahre lang mit einer Frau verheiratet gewesen, aber inzwischen geschieden war, gab sein Doppelleben zu. Er erzählte auch, dass er als Kind von einem Babysitter missbraucht worden war und als Teenager einige Zeit in der schwulen Subkultur von San Francisco verbracht hatte. Nach seiner Bekehrung hatte er sich von diesem Lebensstil distanziert. Die erotische Anziehungskraft, die Männer auf ihn ausübten, blieb bestehen. Nach seinem Geständnis wurde Frisbee seiner geistlichen Ämter enthoben. Von nun an reiste er ohne festes Gemeinde-Engagement durch die Welt, verbittert über die Ablehnung, die ihm entgegenschlug. Er selbst hielt seine homosexuellen Eskapaden für eine Schwäche, für die er sich schämte, von der er allerdings auch nicht frei wurde. 1993 starb der damals 43-Jährige an Aids. Er hinterließ zwei boomende Denominationen, zu denen mittlerweile weltweit über 2 500 Gemeinden gehören. Und die heikle Frage, ob es nicht gerade die Brüche und Paradoxien in seiner Persönlichkeit waren, die seine rhetorischen und spirituellen Charismen begünstigt hatten. Gott hatte ihn trotz oder gerade wegen seiner Schwachheit gebraucht.

Wir alle leben in einer erlösungsbedürftigen Welt.

Wir alle sind auf die eine oder andere Art kaputt.

Es geht nicht darum, ob jemand ein heiliges Leben führt, sondern darum, ob jemand es versucht. Auf die Herzenshaltung kommt es an.

Die biblische Geschichte vom Sündenfall zeigt: Der von Gott getrennte Mensch ist zwar in der Lage, zwischen Gut und Böse zu unterscheiden, aber unfähig, daraus permanent die richtigen Konsequenzen zu ziehen. Wir alle sind moralisch überforderte Geschöpfe, die einander nicht ausgrenzen, sondern zum Guten anstacheln sollten.

Allerdings darf in Kirchen nicht nach dem Prinzip softpornografischer Filme der Siebzigerjahre verfahren werden: »Wenn's juckt, wird gejodelt«. Christliche Gemeinschaften brauchen Regeln, auch im sexualethischen Bereich.

Der amerikanische Verhaltensforscher Jonathan Haidt hat die Überlebensfähigkeit von kleinen Gemeinschaften untersucht; er attestiert solchen Gemeinschaften die höchsten Überlebenschancen, die von ihren Mitgliedern erhebliche Opfer verlangen. Ich leite daraus ab: Eine Kirche, die das private Verhalten ihrer Mitglieder durch eine bestimmte Anreizarchitektur beeinflussen will, gewinnt eher an Attraktivität, als dass sie an Zustimmung verliert. Damit rede ich keiner regelungswütigen Schlafzimmerschnüffelei das Wort. Aber ich finde: Wer einen Gottesdienst besucht, muss bereit sein, sich Gottes Vorstellung von zwischenmenschlichem Zusammenleben anzuhören. Und es muss erlaubt sein, die biblischen Aussagen zur Sexualethik auszusprechen.

Die meisten Christen, die ich kenne, würden sich am liebsten überhaupt nicht in die Debatte um die Homo-Ehe einschalten, wenn ihnen nicht andauernd von Vertretern des Gleichstellungs-Mainstreams die Pistole vor die Brust gehalten würde: »Wie stehst du zur Homo-Ehe ...?«

»Okay, lass mich nachdenken ...«

»Keine Ausflüchte. Bist du dafür?«

»Also, grundsätzlich bin ich ...«

»JA ODER NEIN?!«

Die Atmosphäre ist längst zu vergiftet, um angstfrei diskutieren zu können. Dabei wird uns von Evolutionsbiologen unentwegt eingetrichtert, dass wir Menschen einzig und allein aufs Überleben programmiert sind. Da ist es doch nur logisch, dass die Natur und die daraus hervorgehenden Kulturen solche Lebenskonstellationen fördern, die für eine Fortpflanzung der eigenen Spezies sorgen, also heterosexuelle. Was wiederum nicht dagegen spricht, auch andere Konstellationen zu tolerieren. Segnen bzw. subventionieren muss man sie deshalb nicht.

Das muss man ja wohl noch schreiben dürfen, ohne von den Anti-Diskriminierungs-Eiferern die Homophobie-Keule gegen den Kopf gedonnert zu kriegen.

Allerdings finde ich, dass weder Promiskuität noch Homosexualität beim Themenkomplex »Ehe und Liebe« die größten Herausforderungen für die Kirchen sind.

Der größte Sexskandal unserer Tage ist nicht, dass Christen zu viel davon haben, sondern zu wenig. Damit beziehe ich mich auf die vielen ledigen »Schwestern« und »Brüder«, die von einem lustvollen Eheleben träumen, aber zunehmend nervös registrieren, wie der Paarungsmarkt sich leert, die biologische Uhr tickt, das Leben vorbeizieht, ohne dass ein Ende der Solo-Tour in Sicht wäre. Besonders groß ist der Notstand bei christlichen Akademikern, vor allem: Akademikerinnen, jenseits der 35. Sie können ihre romantischen Sehnsüchte ungefähr genauso gut ausleben wie Klosterfrauen im Mittelalter, mit dem Unterschied, dass die Nonnen ihre Tage hinter Klostermauern verbrachten, während die tugendhaften Junggesellinnen des 21. Jahrhunderts dem Dauerfeuer hochsexualisierter Medienbotschaften ausgesetzt sind.

In der Bibel gibt es Beispiele dafür, wie frustrierte Single-Frauen sich mit Verzweiflungsaktionen (Rut), manchmal sogar mit perversen Wahnsinnstaten (die Töchter von Lot, die sich von ihrem eigenen Vater schwängern ließen) gegen ihre Partnerlosigkeit auflehnten.

Heute bewundere ich den Gleichmut, mit dem sich alleinstehende Gläubige in die Kirche setzen und sich artig anhören, wie Pastoren von einer besseren Welt predigen, wenn doch klar ist: Nichts würde so sehr zur Besserung der Welt beitragen wie eine konzertierte Aktion der kirchlichen Hirten, ihre paarungswilligen Schäfchen unter die Haube zu bringen. Nichts erhöht die Anzahl der Christen so zuverlässig wie deren Zeugung und Erziehung in christlichen Familien. Und nichts steigert die Attraktivität des christlichen Glaubens so sehr wie das Beispiel intakter christlicher Familien.

Davon gibt es nur leider zu wenige.

Und das ist meiner Überzeugung nach nicht nur schicksalhaft, sondern auch selbst verschuldet.

Mein nicht ganz ernst gemeinter Vorschlag lautet, ein Moratorium für alle missionarischen Maßnahmen in und außerhalb Deutschlands auszurufen, sie einzustellen, auf Eis zu legen, zu stoppen – und zwar bis zumindest die Hälfte der Christen, die einen Partner suchen, fündig geworden ist. Ich rede nicht von einer Handvoll unvermittelbarer Randexistenzen, sondern von Hunderttausenden tollen Persönlichkeiten.

Es gibt natürlich zahlreiche Einzelaktivitäten: christliche Partnervermittlungen, Internetkontaktbörsen, Single-Events. Sie sind leider in der Regel unterfinanziert, unvernetzt und weit unter dem Niveau der Angebote, die es auf dem säkularen Lust-und-Liebe-Markt gibt. Die meisten Single-Angebote werden von einzelnen Gemeinden angeboten, die aber nie die kritische Teilnehmer-Masse erreichen.

Dabei ist die christliche Szene geradezu prädestiniert, der Welt vorzumachen, wie erfolgreiche Paarungsvermittlung betrieben werden sollte. Nichts ist schließlich so entscheidend für eine stabile Partnerschaft wie ein identisches Glaubens- und Wertefundament. Doch dazu müssten sich die evangelischen, katholischen und freikirchlichen Gemeinden, in denen eine lebendige Beziehung zu Jesus Christus verkündigt wird, endlich ihrer gemeinsamen Mission bewusst werden, christliche Ehen aktiv zu stiften, anstatt sie nur abzusegnen.

Kirche als Verkuppelungsinstitut?

Ja, bitte.

Leider wenden sich die kirchlichen Veranstaltungsangebote primär an Kinder, Jugendliche, Familien und Senioren. Die relevante Zielgruppe der 25- bis 40-Jährigen (das durchschnittliche Heiratsalter für Männer und Frauen bei ihrer ersten Eheschließung liegt bei 33 bzw. 30 Jahren) wird, wenn überhaupt, der Hauskreis-Selbstversorgung überlassen. Oder Gemeindefreizeiten, die so viel erotisches Prickeln verursachen wie Kaffeefahrten, bzw. Single-Konferenzen, bei denen man eher das Fremdschämen lernt als einen Partner kennen.

Vielleicht fehlt den Kirchen auch einfach die Übung.

Jahrhundertelang waren sie eher für die sexuelle Defensivarbeit zuständig. Sie halfen den Menschen, Sünde zu vermeiden, nicht, Lust anzustacheln. Viele Kirchenväter sahen die Ehe eher als notwendiges Übel denn als herrliche Erfüllung des göttlichen Schöpfungsplans. Die Skepsis gegenüber romantischen Verwicklungen geht zurück bis auf den Apostel Paulus. Bei Augustinus, Luther und Calvin kam noch ein ziemlich pessimistisches Menschenbild dazu. Angesichts der verheerenden zeitlichen Umstände kein Wunder. Die Vorstellung, Kirchen müssten Flirtpartys veranstalten, wäre diesen Männern völlig absurd erschienen.

Die Konzentration auf die Verkündigung und Sanktionierung von moralischen Regeln war auch nachvollziehbar in einer Zeit, in der die lebenslange Monogamie die Norm und das Single-Leben Mönchen, Kranken und Vagabunden vorbehalten war. Der Kirche kam damals die gesellschaftlich akzeptierte Funktion zu, für Sitte und Anstand zu sorgen.

Heute, wo immer weniger Ehen geschlossen, immer mehr Ehen geschieden werden und immer mehr Politiker die Förderung der Ehe infrage stellen, steht die Christenheit vor einer historisch neuen Herausforderung: die Ehe, diesen von Gott gewollten Bund zwischen Mann und Frau, gezielt zu fördern. Und auch für die Beständigkeit der Ehe einzutreten – mit einem qualitativ hochwertigen Beratungsangebot.

In Hollywoodfilmen wie »Footloose« oder »Saved« werden engagierte Christen – ob zu Recht oder Unrecht – immer wieder als Spaßbremsen denunziert, die zu wenig Sex haben.

In der Realität sollten Christen mehr Sex haben als ihre Mitbürger – weil sie besser und länger verheiratet sind. Und wenn nicht, verdienen sie für diese herausfordernde Lebenssituation die volle Unterstützung durch die anderen.

Mythos 5:

GOTT MACHT SCHLAU

ODER: WARUM CHRISTEN DIE RICHTIGE SICHT HABEN, ABER NICHT DEN DURCHBLICK

»Die Furcht des Herrn ist der Weisheit Anfang.«

Der Psalm, in dem dieser Vers steht, hat eine Schnapszahl.

111.

Ich will da nicht zu viel hineininterpretieren. Aber es ist irgendwie bezeichnend. Denn einige Christen ziehen aus dem Vers die falsche Schlussfolgerung, dass mit dem Glauben das kritische Denken aufhört.

Das ist immer noch besser, als sich vor lauter Informations-Overkill gar nicht mit Gott zu beschäftigen. Weisheit besteht in der Fähigkeit, die Dinge in der richtigen Perspektive zu sehen. Menschen, deren geistiges Koordinatensystem ohne Gott auskommt, können klug sein, aber nicht weise, weil sie das Pferd vom falschen Ende her aufzäumen.

Die Voraussetzung für Christen, tiefschürfende Erkenntnisse zu formulieren, ist also ziemlich gut.

Umso deprimierender ist für mich jedes Jahresende.

Da veröffentlichen die meinungsführenden Zeitschriften und Zeitungen ihre jährlichen Top-Listen: die besten Romane, Sachbücher, Comics, Musikalben, Filme. Und immer wieder suche ich vergeblich nach Werken, die aus einer eindeutig christlichen Geisteshaltung heraus produziert sind. Groß ist dagegen die Anzahl der Veröffentlichungen, hinter denen bekennende Atheisten stehen.

Man könnte die Schuld an dieser Schieflage den Redakteuren geben, die sich von anti-christlichen Vorurteilen leiten lassen und großartige Werke einfach nur deshalb ignorieren, weil sie zu fromm sind.

Aber ein Abgleich mit den gleichzeitig erscheinenden Bestseller- und Bestenlisten im christlichen Bereich nimmt verschwörungstheoretischen Argumenten den Wind aus den Segeln.

Bei aller Wertschätzung für das, was der christliche Markt hervorbringt: Es hat einfach nicht dieselbe Qualität wie die säkulare

Konkurrenz. Oft werden nur die Predigtreihen amerikanischer Pastoren zusammengestoppelt und mit ein paar frischen Statistiken garniert. Ansonsten wimmelt es von leicht verdaulichen Lebensratgebern und Lebensbeichten. Die apologetische Literatur wendet sich in der Regel an Eingeweihte. Sie entfaltet ihre Überzeugungskraft bei Lesern, die entweder bereits glauben oder auf dem Weg dahin sind. Echte Skeptiker werden sich viel besser verstanden und jedenfalls ernster genommen fühlen bei dem Wissenschaftler-Netzwerk »The Edge«, das sich vorwiegend aus Freidenkern rekrutiert. Jedes Jahr veröffentlichen diese Vordenker ein Buch, in dem sie etwa »tiefe, schöne und elegante Theorien darüber, wie die Welt funktioniert«, referieren. Dabei wird klar: Für die allermeisten Experten funktioniert die Welt ohne Schöpfer. Was die über hundert Aufsätze von vergleichbaren Artikeln im christlichen Milieu unterscheidet, ist erstens die zumeist einfallsreichere Prosa, zum Zweiten aber, dass die Fehlschlüsse immerhin originell begründet werden. Auch für den Buchmarkt gilt: Autoren wie Stephen Greenblatt (»Die Wende«) und Stephen Cave (»Unsterblich«) dekretieren auf dünnster Faktenbasis das Ende aller Jenseitshoffnungen und die Sinnlosigkeit aller Gottgläubigkeit; aber immerhin können sie brillant formulieren und erwecken den Eindruck, sie hätten solide recherchiert.

Ich bestreite nicht, dass es brillante christliche Apologeten gibt, deren wissenschaftliche Meriten mindestens ebenso groß sind wie die der Gottesleugner. Aber bei John Lennox, Alvin Platinga und Richard Swinburne fällt auf, dass sie alle schon über siebzig sind. Der Nachwuchs bleibt weg.

Es müssen natürlich nicht immer C4-Professoren oder gar Harvard-Lehrstuhlinhaber sein. Auch viele der weniger renommierten christlichen Autoren kommen zu den richtigen Ergebnissen. Oft belegen sie diese aber nur mit Bibelstellen oder persönlichen Erfahrungen. Für ausgiebige Forschungsarbeiten fehlen ihnen die Zeit, das Geld, die Ausbildung. Es fehlt aber auch der stilistische Schwung. Luther konnte nicht so elegant formulieren wie Erasmus oder Montaigne, dafür hatte seine Prosa echte Sprengkraft.

Wo gibt es aber heute solche Menschen?

Der geistige Horizont vieler Christen hört bei dem ihrer Pastoren auf, und diese sind verständlicherweise damit überfordert, neben der Kirchenleitung auch noch schriftstellerische Pionierarbeit zu leisten. Besonders lukrativ ist das Verfassen christlicher Bücher übrigens auch nicht. In Deutschland gibt es wohl kaum ein halbes Dutzend Autoren, die davon leben können – anders als in den USA, wo der Markt für solche Literatur größer ist.

Dass die Sonne des Geistes in den Kirchen insgesamt tief steht und deshalb auch intellektuell Kleinwüchsige lange Schatten werfen, ist meiner Ansicht nach kein Pfarrerproblem, sondern ein Laienproblem.

Ein entscheidender Grund dafür ist, dass viele Nicht-Hauptamtliche an theologischen Minderwertigkeitskomplexen leiden. Weil sie selbst die Bibel – falls überhaupt – höchstens einmal durchgelesen haben und täglich nicht viel mehr als ein paar Verse konsumieren, trauen sie es sich nicht zu, in geistliche Debatten einzugreifen. Stattdessen machen sie sich eifrig Notizen, wenn die Pfarrer nacheinander ihre Predigtpunkte abhandeln. Klug wird man freilich nicht, wenn man kopiert, sondern wenn man viel Zeit mit Büchern, mit anderen klugen Menschen, mit sich selbst und mit Gott verbringt. Diese Zeit fehlt aber, wenn man sich in Job und Familie aufreibt und sich von einem Gemeindeprojekt zum nächsten weiterhangelt.

So erklärt sich, dass verdienstvolle Gemeindebewegungen wie Hillsong jede Menge nette Songs und Aktionspläne hervorbringen, aber nicht ein Album, ein Buch, ein Kunstwerk, das in fünfzig Jahren noch Bestand haben wird. Wenn der Lobpreis für 13-

Jährige konfektioniert ist, die ansonsten der nächsten Staffel von »Germany's Next Topmodel« entgegenfiebern, ist das auch kein Wunder.

Traurig, aber wahr: Die christliche Szene begünstigt intellektuelles und ästhetisches Mittelmaß. Nur so lässt sich erklären, dass die womöglich besten christlichen Romane aller Zeiten – Dostojewskis »Brüder Karamasow« und Roths »Hiob« – nur einigen wenigen Literaturliebhabern bekannt sind. Dasselbe gilt für die zwei großen Christen der Filmgeschichte, Carl Theodor Dreyer (»Die Passion der Jungfrau von Orleans«, »Tag der Rache«, »Das Wort [Ordet]«) und Terence Malick (»Tree of Life«, »To the Wonder«). Auf säkularen Filmfestivals gefeiert – in Kirchen verschmäht.

Es gibt noch einen Grund für den schmalbrüstigen Kreativ-Output der frommen Szene: Die säkulare Welt ist so aufgebaut, dass Qualität durch einen gnadenlosen Wettbewerb erzeugt und nach oben hin durchgepresst wird. Da die christliche Szene lokal zersplittert ist, gelangen jede Menge Talente auf die einzelnen Bühnen – aber eben nicht an die Spitze, weil es keine gibt. Und wenn es ein Christ doch einmal nach ganz oben schafft, wird sein Talent nach unten hin abgesaugt und in provinziellen Gemeindeveranstaltungen verschlissen. Den kreativen Input muss sich das christliche Großtalent dann wieder im säkularen Umfeld holen.

Wir haben so wenige gute Talente, weil wir sie nicht gezielt fördern, und das liegt wiederum daran, dass es keine überregionale Infrastruktur dafür gibt.

Vielleicht liegt das Problem aber noch an einer ganz anderen Stelle.

Intellektueller Fortschritt basiert auf Neugier.

Die meisten Gläubigen wollen aber nur Sicherheit, Bestätigung, Komplexitätsreduzierung. Sie wollen nicht wahrhaben, dass der Glaube das Leben nicht nur einfacher, sondern auch vielschichtiger, vielfarbiger und spannungsgeladener macht.

Kein Wunder, dass sie ständig hinterherhinken und nicht aus der Defensive kommen.

Oft frage ich mich, warum christliche Filme so fade und christliche Romane so anämisch sind. Inzwischen weiß ich die Antwort:

Gute Erzähler lassen uns in die Köpfe ihrer Protagonisten eindringen. Sie ermöglichen es, uns mit ihnen zu identifizieren und am Ende selbst unsere Schlüsse zu ziehen.

Schlechte Erzähler zwingen uns ihre eigenen Gedanken auf, ohne uns einen eigenen kreativen Spielraum zu lassen. Sie unterfordern uns, gängeln uns, beleidigen unsere Intelligenz. Und viele Konsumenten solcher Filmproduktionen oder Bücher (ich nenne keine Titel, um niemanden zu irritieren) lassen das gerne mit sich machen. Sie wollen geführt werden, klare Ansagen hören, bloß nicht selbst nachdenken müssen. Sie wollen von den Unebenheiten des normalen Lebens verschont bleiben, von der anhaltenden Diskrepanz zwischen dem siebten Kapitel des Römerbriefs (Vers 19: »Das Gute, das ich will, das tue ich nicht; sondern das Böse, das ich nicht will, das tue ich«) und dem achten Kapitel (Vers 31: »Ist Gott für uns, wer kann gegen uns sein?«).

Vermeintliche Sicherheit ist so angenehm, weil sie entlastet.

Aber sie schränkt auch unser Sichtfeld ein, verführt zur Selbstsicherheit, macht träge. Oft seufze ich mit der Schriftstellerin Virginia Woolf, die einmal geschrieben hat: »Wie satt ich Geschichten habe, die wunderschön mit allen vier Füßen auf dem Boden landen.«

Der Grund, auf dem wir stehen, wackelt und wogt.

Das Leben ist ein Mysterium. Es will erspürt und erforscht werden.

Forschen ist anstrengend und manchmal frustrierend.

Aber entdecken macht Freude.

Ich hätte vermutlich kein einziges Buch geschrieben und mich nicht immer wieder mit Feuereifer in die Bibellektüre gestürzt, wenn ich nicht immer noch so viele Fragen hätte.

Die Sehnsucht nach Sicherheit ist zutiefst menschlich. Zur Lebensklugheit gehört freilich auch zu akzeptieren, dass immer eine Restunsicherheit bleibt. Dass es Grauzonen gibt. Dass auch Christen nur das Glauben und nicht das zweifelsfreie Schauen gegeben ist. Deshalb gehen alle Versuche, die Restunsicherheit möglichst auf null zu reduzieren, in die Irre und führen zu geistiger und geistlicher Verödung, manchmal sogar zu sektiererischer Verzerrung.

Seit der Himmelfahrt Jesu stehen Christen vor der Herausforderung, ihren Glauben zu fixieren und abzusichern, um nicht dem Chaos und der Verwirrung anheimzufallen.

Zunächst passierte das institutionell mit dem Aufbau des römisch-katholischen Kirchenapparats. Es ist müßig, im Nachhinein darüber zu spekulieren, ob die Kirchengeschichte auch einen anderen Verlauf hätte nehmen können. Jedenfalls ging auch die Vatikan-Kirche den Weg allen Fleisches. Auch an ihr zeigte sich die Tendenz aller Bürokratien, ihren Servicecharakter aus den Augen zu verlieren und sich zum Selbstzweck zu machen. Dennoch steht für mich außer Frage, dass die jahrhundertelange Konzentration der christlichen Kräfte unter einem Dach, dem römisch-katholischen, letztendlich gut war. Aber eben nicht der Weisheit letzter Schluss.

Manchmal werde ich von meinen katholischen Freunden gefragt, ob ich nicht auch ihrer Konfession beitreten will. Schließlich halte ich mit der Kritik an den Zuständen in der evangelischen Kirche und in den evangelischen Freikirchen nicht hinterm Berg und mache auch aus meiner Sympathie für die Gedanken des ehemaligen Papstes Benedikt XVI. keinen Hehl.

Dennoch habe ich noch nie ernsthaft erwogen, katholisch zu werden. Erstens, weil ich als Pfarrerssohn von ganzer Seele Protestant bin. Heimat ist für mich, wo die Lieder von Paul Gerhardt, Manfred Siebald oder Albert Frey gesungen werden. Mein Kopf mag sich stärker angesprochen fühlen, wenn ich die »Jesus«-Trilogie von Joseph Ratzinger lese; mein Bauch bleibt trotzdem evangelisch.

Außerdem finde ich, dass die römisch-katholische Kirche im Laufe ihrer langen Geschichte einiges an unnützem Ballast angehäuft hat (z. B. die Zölibatsvorschrift) und daher in den nächsten Jahrzehnten damit beschäftigt sein wird, diesen abzutragen. Ich selbst ächze unter meinen eigenen Anfechtungen schon genug, um mich noch der kognitiven Dissonanz auszusetzen, die etwa das Unfehlbarkeitsdogma auslöst (das zwar nur einmal zur Anwendung gekommen ist, aber dann ausgerechnet bei Marias Himmelfahrt).

Vor allem aber kann ich nicht ignorieren, dass die ganze Bibel von einer großen Skepsis gegenüber der Priesterkaste durchzogen ist. Die Priester und die Schriftgelehrten sind die »Bad Guys« der Bibel – angefangen beim durchsetzungsschwachen Aaron und dem trägen Eli bis hin zu den Vertretern des religiösen Establishments zur Zeit von Jesus. Sämtliche Aufbrüche und Innovationen kommen von außerhalb der frommen Elite. Das geht so weit, dass Gott den nachchristlichen Cheftheologen Paulus nicht aus dem Kreis der zwölf Jünger beruft, sondern von außen rekrutiert. Konkurrenz belebt das Geschäft, und deshalb müssen sich nicht alle Christen unter demselben organisatorischen Dach versammeln. Ich werde also nicht römisch-katholisch und unterstütze meine römisch-katholischen Freunde dennoch, wo es sinnvoll und möglich ist.

Mit dem Erstarken eines selbstbewussten Bürgertums in Westeuropa war klar, dass das katholische Macht- und Meinungsmonopol irgendwann aufbrechen würde. Wo es einen Kopernikus, Kolumbus und Gutenberg gab, konnte auch ein Luther nicht weit sein. Nach seiner Meinung sollte jeder Christ sich nur noch einer Autorität unterwerfen: der Heiligen Schrift.

Die Protestanten sicherten ihren Glauben nicht institutionell ab, sondern bestimmten die Bibel zum alleinigen Glaubensfundament.

Wie einfach, wie befreiend.

Dachten sie.

In der Praxis erwies sich das »Sola-Scriptura«-Prinzip freilich auch nicht als unproblematisch, gab es doch keinen wirksamen Schutz mehr gegen wissenschaftlichen Rationalismus, der sich in der historisch-kritischen Forschung manifestierte, und exegetische Anarchie, die zur Aufspaltung in Tausende von Kleindenominationen führte. Der Betonstarre des Vatikans steht seitdem breiige protestantische Beliebigkeit gegenüber, bei der sich immer wieder die Frage stellt, was denn eigentlich die unbestrittene Essenz des Evangeliums ist.

Für mich ist die rote Linie, die Glauben von Unglauben trennt, da überschritten, wo die leibliche Auferstehung von Jesus geleugnet und die Aussicht auf das ewige Leben infrage gestellt werden. Wer sich außerstande sieht, das leere Grab am Ostermorgen zu predigen, mag ein guter Seelsorger oder Wissenschaftler sein; in einer solchen Kirche fremdele ich aber noch mehr als in einer Moschee und einem Hindutempel, weil dort wenigstens kein frommer Etikettenschwindel betrieben wird.

Was nicht bedeutet, dass die bibeltreueren Denominationen fein heraus wären und sich nur an die buchstäbliche Umsetzung der 66 kanonischen Schriften machen müssten.

Denn was bedeutet Bibeltreue überhaupt?

Ich verstehe darunter das Vertrauen auf die göttliche Inspiration der Bibel. Die Bibel ist das zentrale Offenbarungsmedium des lebendigen Gottes. Wie es genau entstanden ist und was genau unter göttlicher Inspiration zu verstehen ist, darf diskutiert werden. Gott jedenfalls hat uns genügend Interpretationsspielraum gelassen. Ich halte nichts von der bis heute verbreiteten Auffassung des pietistischen Grafen von Zinzendorf, »dass die Bibel ein Lexikon sei, in dem wir alles aufschlagen und finden können, was wir in Lehre und Wandel täglich und stündlich brauchen«.

Auch wenn es so schön wäre.

Aber die Bibel ist nicht der Koran, dessen Inhalt dem Propheten Mohammed angeblich von dem Erzengel Gabriel eingegeben wurde.

Schade eigentlich, dass Jesus nicht alles Wissenswerte selbst zu Papyrus gebracht hat. Wenigstens hätte er einen von ihm persönlich abgesegneten Kanon auf einer Pressekonferenz vorstellen können. Aber Jesus regelt seinen Nachlass anders. Am Abend seiner Festnahme skizziert er laut Johannesevangelium, Kapitel 14, wie es ohne seine physische Präsenz weitergehen soll. Er kündigt einen Tröster an.

Er redet dabei nicht von der Kirche.

Auch nicht von der Heiligen Schrift.

Er redet vom Heiligen Geist, dessen Wesen und Wirken mir bis heute niemand präzise erklären konnte. Vermutlich deshalb, weil er meine Denkkategorien sprengt.

Dazu passt, dass der biblische Kanon nicht etwa von den Aposteln oder einem einzigen frühchristlichen Konzil unter Anrufung des Heiligen Geistes beschlossen wurde – sondern sich während der ersten vier nachchristlichen Jahrhunderte irgendwie durchsetzte, wobei die Aufnahme einzelner Bücher wie der »Offenbarung« bis zuletzt umstritten war. Die zwei wichtigsten Konzile, die von Chalcedon und Nizäa, beschäftigen sich mit dem Wesen von Jesus Christus und der Essenz des Glaubens.

Im Glaubensbekenntnis kommt der Satz »Ich glaube an die Heilige Schrift« bekanntlich nicht vor, genauso wenig wie der Passus »Ich glaube an Gott, den Vater, der sich uns in der Heiligen Schrift offenbart hat ...«

Ich wehre mich deshalb gegen die Angewohnheit mancher konservativen Protestanten, die Bibel zu behandeln, als wäre sie ein Teil der Trinität.

In der berühmtesten Feststellung zur biblischen Unfehlbarkeit, der von vielen konservativen Theologen unterzeichneten »Chicago-Erklärung« von 1978, heißt es:

»Da die Schrift vollständig und wörtlich von Gott gegeben wurde, ist sie in allem, was sie lehrt, ohne Irrtum oder Fehler. Dies gilt nicht weniger für das, was sie über Gottes Handeln in der Schöpfung, über die Geschehnisse der Weltgeschichte und über ihre eigene, von Gott gewirkte literarische Herkunft aussagt, als für ihr Zeugnis von Gottes rettender Gnade im Leben Einzelner.«

Mich stört an dieser Feststellung, dass meine Lieblingstheologen Barth, Bonhoeffer, Brunner, Pannenberg, Peterson, Stott, Thielicke sie genauso wenig unterzeichnet hätten wie mein Lieblings-Apologet C. S. Lewis.

Die Logik hinter der Annahme, die Bibel sei faktisch fehlerfrei, ist klar:

Gott ist perfekt, also ist es sein Wort auch.

Meistens wird dann eine Passage aus dem zweiten Brief von Paulus an seinen Mitarbeiter Timotheus zitiert (3,16): »Denn alle Schrift, von Gott eingegeben, ist nütze zur Lehre ...«

Gilt das auch für die Aufforderung, einer Frau, die ihrem Mann im Kampfgetümmel zu Hilfe kommt und einen anderen Mann an dessen Genitalien packt, die Hand abzuhacken? (5. Mose 25,11-12). Hat diese barbarische Praxis jemals dem Willen des lebendigen Gottes entsprochen?

Was ist mit der Genehmigung, kriegsgefangene Mädchen, deren Eltern man zuvor umgebracht hat, zur Ehe zu zwingen und sie, wenn man die Lust an ihnen verloren hat, buchstäblich in die Wüste zu schicken? (5. Mose 21,10-14). Oder mit der Aufforderung zum Genozid, das heißt zur völligen Vernichtung einzelner kanaanitischer Stämme? (z. B. 1. Samuel 15,3).

Lässt sich aus der Geschichte von Ester das Mandat ableiten, sich zu prostituieren, wenn es dem Wohl des eigenen Volkes dient?

Müssen wir uns den Kopf darüber zerbrechen, wie die Erde außerhalb des Gartens Eden ausgesehen hat? Ob es im Paradies bereits Raubtiere gab und wovon die sich ernährten? Ob Giftpflanzen erst ein Produkt des Sündenfalls sind? Wie der erstgeborene Mensch, Kain, eine Stadt gründete, mit welchen Menschen er sie füllte und mit welchen Baustoffen und handwerklichen Techniken er sie errichtete? (Dafür hätte er jeden Tag eine neue Erfindung machen und unentwegt neue Bodenschätze zutag fördern müssen, wenn er nicht gerade mit dem Ackerbau und der Nachwuchs-Erzeugung beschäftigt war.) Wie die Nachkommen von Noah über den Ozean segelten und in wenigen Jahrhunderten ganz Amerika und Ozeanien bevölkerten?

Und was soll sich Gott dabei gedacht haben, als er den Apostel Paulus über die Bewohner von Kreta lästern lässt: »Es hat einer von ihnen gesagt, ihr eigener Prophet: ›Die Kreter sind immer Lügner, böse Tiere und faule Bäuche.‹ Dieses Zeugnis ist wahr« (Titus 1,12-13).

Ganz zu schweigen von den zahlreichen Lücken in Stammbäumen und einigen schwer nachvollziehbaren Zahlen. Wenn die Zahl der Israeliten, die am Exodus aus Ägypten teilnahmen, mit sechshunderttausend Männern plus Frauen, Kinder und Greise angegeben wird (2. Mose 12,37) – also mit rund zwei Millionen insgesamt – dann übertrifft das die heutigen Einwohnerzahlen von Jericho, Jerusalem und Tel Aviv zusammengerechnet und geht an allen historischen Wahrscheinlichkeiten vorbei. Ich erkläre mir das mit orientalischer Hyperbolik. Ist es so furchtbar, hier von einer Übertreibung des Autors zu reden? Kratzt das am Allwissenheitsanspruch Gottes?

Ist es so entscheidend, dass Hiob, Jona und Ester tatsächlich existiert haben und es sich hier nicht um Geschichten mit Gleichnischarakter handelt?

Jawohl, ist es – befand vor einigen Jahren der konservative Apologet Norman Geisler und veröffentlichte ein voluminöses Buch mit dem Titel »Wenn Skeptiker fragen«. Darin versucht er, mit enzyklopädischer Akribie alle biblischen Ungereimtheiten ein für alle Mal zu klären. Ich kaufte das Buch, als sich bei mir mit Anfang zwanzig die ersten persönlichen Zweifel an dem Alles-faktisch-einwandfrei-Prinzip einstellten. Als ich das Buch mit all seinen abstrusen Zwangsharmonisierungen zur Hälfte durchgelesen hatte, waren meine Zweifel am Glauben insgesamt turmhoch gewachsen.

Ich habe das Buch frustriert weggelegt und weiter an die prinzipielle Zuverlässigkeit der Bibel geglaubt – und gleichzeitig daran, dass die Bibel menschelt. Ich bin dankbar, dass mir dieser innere Kompromiss gelungen ist. Ich kenne einige führende Theologen innerhalb der evangelikalen Szene, die sich auch längst vom Verdikt der Irrtumslosigkeit verabschiedet haben, sich aber davor fürchten, das laut auszusprechen. Sie hoffen womöglich, dass die hitzigen Debatten um den richtigen Umgang mit der Bibel erst aufbrechen, wenn sie in Rente gehen. Aber so lange möchte ich nicht warten. Schließlich geht es nicht nur um mich und meine Seelenruhe.

Es gibt viele hochreflektierte Menschen, deren Verstand sich irgendwann gegen das Irrtumslosigkeits-Postulat auflehnte und die deshalb dem ganzen christlichen Glauben abschworen.

Ihre mächtigste Lobby haben die Bibel-Fundamentalisten heute bei den amerikanischen Southern Baptists. Ich selbst kenne einige südbaptistische Pastoren und schätze sie als leidenschaftliche Christen. Gleichzeitig kann ich ihnen nicht den Hinweis darauf ersparen, dass die Gründung ihrer Denomination im 19. Jahrhundert nicht auf die Verteidigung der Bibel zielte, sondern auf die der Sklaverei bzw. das Recht von Predigern und Gemeindevorstehern, sich Sklaven zu halten. Erst vor Kurzem, im Jahr 1995, bekannten sich die Südbaptisten zu ihrer rassistischen Vorgeschichte und distanzierten sich davon. Was einmal mehr beweist: Radikale Bibeltreue schützt vor langjähriger Blindheit nicht.

Auch nicht vor interner Zerstrittenheit.

In den Kreisen, in denen die Bibeltreue besonders eifrig verfochten wird, sind die Spaltungstendenzen am größten. Die Theorie der biblischen Irrtumslosigkeit und Totalverbindlichkeit scheitert daher nicht zuletzt an ihrer mangelnden Praxistauglichkeit. Denn was nützt der Glaube an einen von Gott fehlerfrei inspirierten Urtext, wenn man sich dann doch nicht auf eine gemeinsame Interpretation einigen kann, etwa wenn es um die Dauer-Streitthemen Taufe, Abendmahl oder Frauenordination geht?

Hätte Gott zu dem Text nicht auch einen hermeneutischen Schlüssel – also eine verbindliche Methode zur Entschlüsselung des Textes – hinzugeben müssen?

Hat er aber nicht.

So wie er in seiner unerforschlichen Weisheit beschlossen hat, statt einem schlanken Buch einen üppigen Schriftenkanon in die Welt zu setzen und das Leben seines Sohnes gleich aus vier verschiedenen Perspektiven dokumentieren zu lassen – als wolle er damit die Multi-Perspektivität der Postmoderne vorwegnehmen.

Die Bibel ist nicht plötzlich entstanden, sondern über einen Zeitraum von über tausend Jahren, also evolutionär. Und der Handlungsverlauf ist dabei nicht gleichmäßig und linear, sondern passagenweise sehr unübersichtlich und abrupt. Gott selbst offenbart sich und seine Mission nur schleichend. Erst mit Jesus Christus tritt er aus den Kulissen hervor und zeigt sein tatsächliches Gesicht und wahres Wesen.

Klarheit, endlich.

Die Selbstoffenbarung Gottes kulminiert in einer Person, nicht in einer Info-Broschüre.

Anders als die Zeitgenossen von Jesus begegnen wir ihm heute durch die Schriften, die vor seiner Geburt auf ihn hinweisen (das »Alte Testament«) und die von ihm berichten (das »Neue Testament«). Aber auch die sind, anders als der Koran, nicht einfach da.

Sie entwickeln sich.

So wie die Welt und das Leben.

Die Bibel nimmt allmählich Gestalt an. Teile bauen aufeinander auf. Die biblische Entstehungsgeschichte ist eine Evolutionsgeschichte.

Kreationisten – jedenfalls solche, die den biblischen Schöpfungsbericht nicht für eine theologische Umschreibung halten – werden jetzt irritiert aufschauen.

Ist die Evolutionslehre nicht Teufelszeug?

Haben nicht Jesus und Paulus ausdrücklich auf Adam und seine Rolle in der Heilsökonomie hingewiesen?

Meine persönliche Einschätzung ist, dass Gott immer auf Augenhöhe mit seinem Publikum agiert und er die biblischen Autoren deshalb gemäß der Vorstellungswelt der Bronze- und Eisenzeit schreiben ließ.

Ansonsten bin ich im Hinblick auf den Schöpfungsbericht und den Sündenfall zu dem Schluss gekommen, dass es viel problematischer ist, die vielen Völkermorde und Naturkatastrophen buchstabengetreu auf den Biss in eine Frucht zurückzuführen als darauf, dass die Rebellion des Menschen gegen Gott ein Vorgang ist, der sich in jedem Menschenleben wiederholt, und dass die Erde, wie wir sie kennen, im Kern krank und erlösungsbedürftig ist. Ich persönlich halte die Annahme, dass der Mensch wie alle Lebewesen aus anderen Arten hervorgegangen ist, für schlüssig. Es ändert nichts am Alleinstellungsmerkmal des Menschen, nach Gottes Bild geschaffen zu sein, wenn Gott dafür einen langen Vorlauf und einige Zwischenstufen gewählt hat.

Dafür spricht auch die allgemeine Lebenserfahrung.

Alles ist im Fluss, im Werden und Vergehen, im Auf- und Absteigen.

Alles entwickelt sich.

Nichts ist einfach nur da. Das Leben ist kein Comicbuch. Es macht nicht einfach plopp, bumm, zisch – und ist plötzlich präsent.

Nicht einmal Jesus fällt wie Superman vom Himmel. Die Annahme, dass die Welt in einem von Gott verursachten und gelenkten evolutionären Prozess entstanden ist, halte ich deshalb für vernünftig und für kompatibel mit meinem Glauben an Gottes Allmacht.

So habe ich nicht immer gedacht.

In meiner Schulzeit nervte ich meine Biologie- und Geografielehrer mit Anti-Evolutions-Argumenten, die ich in kreationistischen Büchern wie »So entstand die Welt« von Willem J. Glashouwer gefunden hatte. Ich rechnete vor, warum die Dicke des Staubs auf dem Mond ein klares Indiz für eine junge Erde sei und warum die Dinosaurier nicht in einem langen Zeitraum, sondern ganz plötzlich durch die Sintflut ausgestorben seien. Irgendwann merkte ich, dass die Glaubwürdigkeit meiner Argumente nicht viel besser war als die von Elvis-Fans, die glauben, dass ihr Idol noch lebt.

Vor allem aber habe ich keine Lust mehr, mich argumentativ permanent in der Defensive zu befinden, zusammen mit Exzentrikern, die glauben, dass die ersten Menschen im Paradies auf dem Brontosaurus herumgeritten sind. Der missglückte Versuch, Darwins Artenentstehungstheorie zu widerlegen, lenkt davon ab, dass Christen in der entscheidenden Frage die Lufthoheit haben. Es ist und bleibt viel wahrscheinlicher, dass die Welt erschaffen wurde, als dass sie ihre Entstehung einem Zufall verdankt. Der jüngste Versuch des atheistischen Physikers Stephen Hawking zu begründen, warum das Universum sich selbst erschaffen haben könnte, klingt nicht viel überzeugender als mein naives Mondstaub-Argument.

Es ist nun mal wahrscheinlicher, dass etwas von etwas kommt als von nichts. Es ist unendlich plausibler, von etwas auf etwas Größeres zu schließen als auf nichts.

Was genau von was kommt, können wir Menschen wissenschaftlich nicht ergründen, weil wir nicht die mentalen Kapazitäten dafür haben, über die Grenzen des Universums hinauszugreifen.

Ist doch logisch, oder?

Dass viele Top-Wissenschaftler das nicht einsehen wollen, liegt meiner Ansicht nach ausschließlich an Selbstüberschätzung und an Gekränktheit darüber, dass ihnen die Antworten auf die letzten Fragen hartnäckig verschlossen bleiben.

Wer sind wir schon? »Ein warmer Hauch in einem kalten Universum«, schreibt die christliche Schriftstellerin Marilynne Robinson. »Entweder sind wir unmessbar unbedeutend, oder wir sind unschätzbar wertvoll und interessant.« Alles hängt davon ab, ob wir unsere Existenz einem Zufall oder einem göttlichen Vorsatz verdanken. Sind wir ins Universum hineingezeugt worden – oder absichtslos hineingerülpst? Wird die Welt tatsächlich nur von einem seelenlosen Drang zum Sein regiert – oder vom gütigen, kreativen, allmächtigen Geist Gottes? Wenn es tatsächlich keinen Gott geben sollte, dann ist so viel klar: Wir werden es nie wissen. Denn wir können nicht hinter die Grenzen der Materie und der Zeit blicken. Wir gleichen einem Surfer, der ein paar Sekunden auf einer Welle reiten darf, der sich aber nie einbilden würde, den Ozean zu beherrschen.

Ich warne davor, in der Auseinandersetzung mit den Mullahs des Materialismus die falsche Schlacht zu schlagen und sich auf das Niveau eines frühmodernen Erkenntnis-Positivismus zu bewegen, der das Sichtbare und Verstehbare mit dem Wirklichen verwechselt.

Bei der Debatte »Schöpfung oder Zufall?« sind Christen meiner Ansicht nach klar im Vorteil.

Bei der Debatte »Evolution oder Kreation« verlieren sie haushoch.

Das entscheidende Gegenargument zu meiner Haltung kenne ich.

Es lautet:

Wenn du anfängst, die Bibel in puncto Historizität auseinanderzunehmen, wo hörst du eigentlich auf? Wandert irgendwann nicht jede biblische Geschichte ins Reich der Mythen? Der Exodus, die Eroberung Jerusalems, das Exil in Babylon und Persien? Werden irgendwann nicht auch die Wunder von Jesus und seine Auferstehung geleugnet? Was bleibt überhaupt noch von Gott und seinen Verheißungen? Ist am Ende nicht alles Ansichtssache und der Gläubige mit seinen Zweifeln erst recht alleine gelassen?

Ich ringe selbst mit solchen Fragen, kann aber nur an Gott persönlich verweisen, den Herausgeber der gewaltigen, vielschichtigen, geheimnisvollen Bibel. Und da Gott, wie etwa im Buch

Hiob deutlich wird, nicht immer alle Fakten auf den Tisch legt, bleiben diese Fragen wohl offen bis zum Jüngsten Tag.

Ist vielleicht besser so.

Wer keine letzte Sicherheit hat, muss glauben, vertrauen, im Gespräch bleiben.

Ich glaube an die Inspiration der Bibel.

Aber ich weiß nicht immer, was darunter zu verstehen ist. Überdies halte ich es für vernünftig, die Bibel nicht wie ein gewöhnliches Buch von Anfang bis Ende zu lesen, von Genesis bis Offenbarung, sondern bei Jesus anzufangen und sich von den Evangelien und neutestamentlichen Briefen zu den schwierigeren Büchern des »Alten Testaments« vorzutasten.

Die Bibel erzählt ein Drama, das beim Sündenfall beginnt, am Kreuz und am leeren Grab seinen Höhepunkt findet und in der »Offenbarung des Johannes« ausklingt.

Die Bibel verkündet das »Evangelium«. Diese »gute Nachricht« ist die Geschichte von Jesus Christus, dem Reich Gottes und den Bürgern dieses Reichs, nämlich den Christen, also uns selbst. So verstanden sind die Bücher des »Alten Testaments« das Präludium des Evangeliums. Nicht alles davon ist für uns verbindlich, aber alles ist interessant und relevant.

Ich will damit deutlich machen: Die Beschäftigung mit der Bibel ist ein kreativer Prozess, bei dem wir immer wieder neu und aus verschiedenen Perspektiven unsere eigene Rolle innerhalb des Evangeliums finden müssen. Entscheidend ist, mit welcher Haltung man sich auf die Bibel einlässt: einer Haltung des grundsätzlichen Misstrauens, wie es in der liberalen Theologie vorherrscht, oder einer Haltung des Vertrauens und der demutsvollen Vor-Festlegung, dass hier nicht ein x-beliebiger längst verstorbener, vorder-orientalischer Autor spricht, sondern Gott selbst. Die letztere Haltung ist meine eigene – und lässt immer noch Raum für maßvoll historisch-kritische Exegese.

Ich verstehe die Bibel nicht als Regelkatalog und Faktensammlung, sondern als Gottes Weg, um uns seine erlösende Botschaft zu übermitteln. Als Journalist weiß ich: Eine Botschaft ist nur dann wirkungsvoll, wenn sie an die Vorstellungen ihrer Empfänger anknüpft. Die Bibel fügt sich deshalb in das Weltbild des Vorderen Orients während der Bronzezeit und der Antike ein. Müssen deshalb heutige Leser, die das Evangelium verstehen wollen, erst eine Zeitreise zurückmachen? Oder dürfen sie einige überholte Vorstellungen außer Acht lassen, um zum Kern des Reiches Gottes vorzudringen?

Ein solcher Zugang führt natürlich zu Unstimmigkeiten darüber, was denn nun diesen Kern ausmacht. Aber fördert dieser Streit nicht gerade die Vitalität des Christentums? Seit zweitausend Jahren liegen sich die Christen in den Haaren über die Essenz ihres Bekenntnisses. Am Ende hat sich noch immer die Wahrheit durchgesetzt. Der Heilige Geist kommt auch ohne Inquisition und Denkverbote aus.

Es bleibt also spannend.

Auch wenn das mitunter schwierig ist.

Ich wünsche mir oft eine sicherere Grundlage – eine stets triumphierende Kirche, eine immer gebrauchsfertige Bibel und möglichst auch viele Wunder und Zeichen.

Solche übernatürlichen Phänomene sind – nach Kirche und Bibel – die dritte Art einer externen Glaubens-Stabilisierung. Seit dem Anfang des vorigen Jahrhunderts – dem Beginn der Pfingstbewegung im Jahr 1906 – rücken sie immer mehr von der Peripherie ins Zentrum der weltweiten Christenheit, zunächst in Nordamerika, inzwischen in weiten Teilen von Lateinamerika, Zentral- und Südafrikas und einigen Ländern Asiens.

Die Halbwertszeit von Gemeinden, die auf Heilungswunder und Ekstase-Erfahrungen beruhen, ist in der Regel aber nicht sonderlich groß. Was mich selbst immer davon abgehalten hat, etwa die Gabe der Zungenrede anzustreben, war die banale Tatsache, dass auch Augustinus, Luther und Bonhoeffer ohne sie ausgekommen sind.

Womit ich nicht in Abrede stelle, dass es solche Phänomene gibt und sie den Glauben vieler Menschen gestärkt haben. Mit Zeichen und Wundern verhält es sich ähnlich wie mit den Schmetterlingen bei Verliebten. Sie schwirren in den ersten Monaten herum, quasi als Katalysator der frischen Beziehung. Aber wer dauerhaft den Rausch einer neuen Romanze anstrebt, wird nie zu einer erwachsenen Liebe finden. So groß die Anfangseuphorie bei charismatischen Gruppen und Individuen ist, so groß ist anschließend auch oft die Ernüchterung. Alles hat seinen Preis. Das gilt auch für den Glauben. Jede neue Wonne wird auch mit Schmerz erkauft.

Genau in dieser Einsicht liegt der Schlüssel zu einer christlichen Weisheit. Es gilt, keine falsche intellektuelle und emotionale Sicherheit anzustreben. Es gilt, die Spannung zwischen dem Jetzt und dem Noch-Nicht auszuhalten, ja sogar auszukosten und produktiv zu nutzen. Die großen Gedanken entstehen nicht, wenn man sich vorschnell in den Himmel beamt, und auch nicht, wenn man den Kopf in den Sand steckt. Unser Platz ist an der Schnittstelle zwischen Himmel und Erde.

Und dann?

Halte ich es mit C. S. Lewis, der in einem Brief einem am Glauben zweifelnden Schützling schrieb:

»Das Wichtigste ist, einfach dranzubleiben.«

SCHLUSS

WIRKLICHKEIT: JESUS

Und – hat's wehgetan?

Am Ende dieses Buches habe ich ein schlechtes Gewissen. Obwohl ich weiß, dass viele Christen sich ermutigende Worte gewünscht hätten, habe ich ihre offenen Stellen nicht verbunden, sondern den Finger in die Wunde gelegt.

Und nun frage ich mich:

Wenn der Glaube an Jesus Christus nicht reicher, gesünder, schöner, erfolgreicher, klüger macht und ein tugendhaftes Leben immer noch ein harter Kampf ist – was bleibt dann überhaupt?

Wie wäre es mit ...

Jesus?

Schließlich vertrauen Christen keinem System, sondern einer Person. Und diese Person erlöst nicht nur, sie befremdet auch. Wo immer Jesus auftaucht, löst er nicht nur Jubel oder Verärgerung aus – sondern Verwunderung.

Deshalb dürfen wir uns weiter wundern.

Und glauben.

Aber was bedeutet das, an Jesus zu glauben?

Der Heiland hat schließlich für sich keinen Anbetungsritus reklamiert, sondern den Blick von sich weg hin zum Vater und zum Nächsten gelenkt. Er hat uns vorgebetet: »Vater unser ...«

An Jesus glauben heißt, zum Vater gehen.

Das ist Nachfolge.

Und wie sieht es auf dem Weg der Nachfolge aus?

Nachdem ich schon zahlreiche Bücher über den Glauben verfasst habe und mir über diese Frage während der Niederschrift dieses vorerst letzten Buches den Kopf zerbrochen habe, komme ich zu folgendem Schluss:

Der christliche Glauben lässt sich nicht auf einen Punkt bringen, weil er im wahrsten Sinne des Wortes vielschichtig ist. Schließlich geht es nicht um das Abnicken theoretischer Grundsätze, sondern um praktisches Leben: mit Gott.

Und Leben entfaltet sich nun einmal im Raum.

Das Leben als Christ spielt sich innerhalb von drei Dimensionen ab.

- Erste Dimension – dem Grund des Glaubens an Jesus Christus.
- Zweite Dimension – die Tiefe der Liebe zu Gott und den Mitmenschen.
- Dritte Dimension – die Höhe der Hoffnung auf das ewige Leben.

Dabei besteht immer wieder die Gefahr, das Christsein auf eine der drei Dimensionen zu reduzieren, es zuzuspitzen oder es flach zu machen – und den Gläubigen dadurch die Luft abzudrücken.

Zunächst muss freilich das Fundament stehen, das im Apostolischen Glaubensbekenntnis näher beschrieben wird. Trotz aller Zweifel, die sich bei mir gelegentlich einstellen, finde ich die Basis des Glaubens, je älter ich werde, immer solider. Wer dieses Fundament aber wie eine komfortable Wohnung interpretiert, in der man sich einrichtet, der hat Jesus nicht begriffen.

Der Glaube wird erst fruchtbar, wenn ihm Arme der Liebe wachsen, die ausgreifen, die in die Fläche gehen, die Verbindungen schaffen. Das spannt, das dehnt, das führt manchmal zu Konflikten zwischen dem, was dogmatisch richtig erscheint, und dem, was die Liebe verlangt. Es geht schließlich nicht um die Einhaltung von Reinheitsvorschriften, sondern um Gnade und Barmherzigkeit. Aber selbst wenn man seinen Mitmenschen mit Gnade und Barmherzigkeit begegnet, schöpft das nicht das eigentliche Potenzial des Christentums aus. Es ist für sich genommen ein bloßes Sozialevangelium, das am Boden bleibt, denn:

Hinzukommen muss die unendlich hohe Vertikale der Transzendenz. Erst die Aussicht auf ein ewiges Leben gibt die Kraft und Lockerheit, seine eigenen Ego-Ansprüche zurückzustellen und sich trotz aller Querschläge des Lebens die Freude zu bewahren. Denn auf uns alle rollt der Tsunami des Todes zu. Gott aber reißt die Decke der Zeitlichkeit für uns auf.

Hier liegt der größte Unterschied zum Buddhismus, der alles Begehren als töricht verdammt, weil es nichts an unserer Vergänglichkeit ändert.

Jesus lehrt etwas anderes: Er verurteilt das Begehren nicht, sondern korrigiert unsere Wunschliste und verschiebt die Kompletterfüllung ins Leben nach dem Tod.

Verhängnisvoll ist deshalb eine Verkündigung, die Gott nur ins Klein-Klein unserer Alltagsprobleme hineinholt. Er kann schließlich nichts dafür, wenn ich mir nicht zwanzig Passwörter gleichzeitig merken kann, wenn mich mein eigener Perfektionismus in den Burn-out treibt und wenn meine Geburtstagsparty auf einen Regentag fällt. Natürlich ist es in Ordnung, wenn wir Gott über unsere aktuellen Bedürfnisse informieren und ihn um Schutz und Segen bitten. Vor allem aber sollten wir versuchen, unser Leben als Vorbereitung auf die Ewigkeit zu begreifen, als einen immer kürzer und enger werdenden Korridor, der ins vollendete Reich Gottes führt.

Auch wenn uns Glaubenskritiker immer wieder einreden, dass Jesus nur einer von vielen Religionsstiftern ist, halte ich das Christentum für den einzigen stabilen Hoffnungsanker überhaupt.

Man muss nur den Vergleich zu den anderen Weltreligionen ziehen:

- Der Hinduismus: eine altertümliche Mythensammlung, angereichert um eine fatalistische Reinkarnationslehre, propagiert von den regionalen Herrschenden, die sich von den Götterlegenden der Germanen oder Azteken vor allem dadurch unterscheidet, dass sie noch praktiziert wird.

- Der Buddhismus: die esoterisch aufgeladene Lebensphilosophie eines Adeligen, der das Sterben verherrlichte, die Sehnsucht verurteilte und – über den Umweg leidvoller Wiedergeburten – das Nichts in Aussicht stellte.
- Der Islam (»Unterwerfung, Gehorsam«): eine arabische Religion mit deutlichen Parallelen zum Judentum, deren Offenbarungsbuch »Koran« erst über hundertfünfzig Jahre nach dem Tod des Feldherrn und Propheten Mohammed geschrieben wurde, zu einem Zeitpunkt, als seine Anhänger längst auf dem Höhepunkt ihrer militärischen Macht standen.
- Das Christentum (von »Christus« – »Der Gesalbte«): die mit Abstand größte Weltreligion, deren Gründer auf schmachvollste Weise hingerichtet wurde und deren Schriften zu einer Zeit vollendet wurden, als die Anhänger aufs Grausamste verfolgt wurden.

Wir Christen haben Grund zu glauben.

Wir haben einen Anlass zu lieben.

Und wir hegen eine berechtigte Hoffnung.

Dieser Dreiklang muss, ohne jede Abstriche, gepredigt werden – auch als Absage an den Ich-jetzt-alles-Zeitgeist.

Nachdem sich viele Pastoren in den letzten Jahrzehnten darum verdient gemacht haben, Gott alltagsrelevanter zu machen, ist nunmehr das Gegenprogramm angesagt: unser Leben ewigkeitsrelevanter zu machen. Die Aufgabe der Kirche ist es nicht, die narzisstische Weltimmanenz als gegeben hinzunehmen, sondern sie auszubalancieren und die Aufmerksamkeit in die andere Richtung zu lenken.

Denn da liegt das Glück.

Alle echten Propheten und großen Mystiker haben die Erfahrung gemacht, dass die Begegnung mit Gott gerade da passiert, wo wir nicht sein wollen, nämlich in der zu unseren Wünschen entgegengesetzten Richtung.

Christsein bedeutet:

- Die Ehre nicht bei den Menschen, sondern bei Gott zu suchen.
- Nicht das Augenblicksglück, sondern die ewige Herrlichkeit anzustreben.

Ich selbst habe Gott und die Ewigkeit nie näher gespürt als auf Beerdigungen christlicher Freunde. Vor etwas mehr als einem Jahr war der Himmel wieder einmal weit offen, als Lydia Holmer zu Grabe getragen wurde. Ich habe selten so einen gesamtschönen Menschen gesehen wie diese junge Frau, bei der man nicht wusste, ob sie mehr von innen oder außen leuchtete, und deren Krebstod für viele Menschen, ja die ganze Welt, einen riesigen Verlust bedeutete. Wenn man nicht fest daran glaubte, dass sie den Sprung in eine noch viel herrlichere Existenz gemacht hatte. Als der Sarg an dem sonnigen Wintermorgen in den Boden gelassen wurde, war es mir, als würde auf dem Grund eine Falltür in eine andere Welt liegen. Mir war klar: Lydia ruht jetzt nicht, sie thront oder tanzt und freut sich über das Buch »Ich weiß, dass Gottes Plan perfekt ist«, das ihre Eltern über sie geschrieben haben (und das zeitgleich mit dem vorliegenden Buch erschienen ist).

»Wer so sehr die Gegenwart Gottes gespürt hat auf dem härtesten Boden, dort, wo es sich am wenigsten leben lässt, wo die Angst wie tausend Asseln kleine Löcher und Lücken sucht, um in einen einzudringen, wer einmal in diesem Feuerkreis, den Gott um einen ziehen kann, gelebt hat, dort, wo jeder anderen Macht der Zutritt verboten wird, der hat keine Worte mehr für Gott. Für den ist Gott wirklicher als ein Stein. Der kann phasenweise nicht mehr diskutieren über die Existenz Gottes, weil es absurd erscheint.« Die Worte passen zu den letzten von körperlichen Qualen, aber auch tiefen Gotteserfahrungen geprägten Wochen in Lydias Leben. Tatsächlich aber stammen sie aus der wundervollen Bekehrungsgeschichte »Gott braucht dich nicht« von Esther Maria Magnis. Deren noch junger Glaube wird einer Feuerprobe unterzogen, als ihr Bruder Johannes den Kampf gegen den Krebs verliert. Aber weder Johannes noch Esther Maria verloren deshalb ihren Glauben. Vielmehr führte das Leiden zu einer Konzentration auf das, was wirklich zählt: »Nur noch Gott. Und so dachten und beteten wir uns nicht in einen Himmel hinein, sondern wir litten und freuten uns, wir warteten und liebten in seiner Gegenwart hier unten, wo wir Menschen alle sind. In der Welt. Die vollkommen offen war.«

Wenn der Himmel offen ist, dann ist das Leben erst recht offen und voller Möglichkeiten. Denn alles Gute, was wir erleben, lassen wir nicht zurück, sondern nehmen wir mit in die nächste Existenz. Dort wird es keine drei Dimensionen geben.

Nur noch die Liebe. Für Gott und Lydia und Johannes und die anderen und mich selbst.

Was lerne ich daraus?

Zu wenig, denke ich immer wieder.

Neulich wurde mir das wieder schmerzhaft bewusst.

Ich saß in einem Café und las eine theologische Studie mit dem Titel »Wie man lernt, sich das Reich Gottes vorzustellen«. Während meine Fantasie in jenseitige Sphären emporkletterte und ich sie mit dem Kugelschreiber emsig mitprotokollierte, öffnete sich die Tür, ein kalter Zug wehte herein, und dann schlurfte ein Penner über die Schwelle. Hinter sich her schleifte er einen Müllsack, in dem eingesammelte Pfandflaschen schepperten. Er trug Hausschuhe und roch, als hätte er sich tagelang nicht gewaschen. Ich hielt mir das Buch nah an die Augen, um nicht in die Verlegenheit eines Blickkontakts zu kommen. Ich wollte mich nicht bei meiner spirituellen Gedankengymnastik stören lassen. Der Penner humpelte an den Tresen und bestellte einen Kaffee. Während er auf das Getränk wartete, führte er laute Selbstgespräche. Meine Konzentration war futsch. Der Ideenstrom versiegte. Insgeheim beklagte ich mich bei Gott für die Störung. Ich hielt das Buch noch höher – als wäre es ein Schild, mit dem ich mich vor dem Obdachlosen schützen müsste. Endlich ging er. Bevor er durch die Tür verschwand, drehte er sich um und rief: »Gott segne euch.«

Weg war er.

Und ich wieder alleine mit meinem Buch und einem unangenehmen Gedanken: Was, wenn ich das Reich Gottes am falschen Ort suche? Was, wenn ich gerade eine Chance versäumt hatte, einem von Gottes geliebten Geschöpfen etwas Aufmerksamkeit und Zuneigung zu schenken? Ich hätte ein Stück Reich Gottes bauen können. Stattdessen hatte ich mich an meine eigene engstirnige Glücksvorstellung geklammert. Ich hoffe, das nächste Mal reagiere ich besser.

Zum Glück weiß ich, dass Gott nachsichtig mit mir ist.

Er hat mich nach seinem Bilde geschaffen, aber er weiß auch, dass ich noch ganz der Erde verhaftet bin. Ein Zwischenwesen, bei dem die Erlösung ihre volle Wirkung erst noch entfalten wird und das zwischen Wunsch und Wirklichkeit baumelt.

In der Welt. Nicht von der Welt.

Dazwischen.

Gespannt.

»Es gibt zwei Gelegenheiten, bei denen die heilige Schönheit der Schöpfung uns auf betörende Art bewusst wird, und sie ereignen sich gleichzeitig«, schreibt Marilynne Robinson am Schluss ihres Romans »Gilead«. »Die eine zeigt sich darin, dass wir unsere sterbliche Unzulänglichkeit gegenüber der Welt spüren. Die andere darin, dass wir die sterbliche Unzulänglichkeit der Welt uns gegenüber spüren.«

Das Glück dieser Welt ist keins. Deshalb passt der Name auch nicht wirklich auf das, was Gott uns gibt.

Die Bibel spricht von Heil, was auch so viel bedeutet wie: Ganzheit, Gesundheit, Unversehrtheit. Ein Zustand wie im Paradies. Glück nimmt sich dagegen fast läppisch aus.

Das ist meine Quintessenz:

Gott beschenkt uns nicht nur. Er erlöst uns.

Gott macht mehr als nur glücklich. Er macht heil. In Jesus.

Die Suche nach dem guten Leben – ob das nun materialistisch oder moralisch verstanden wird – führt in die Sackgasse. Zum Ziel führt die Suche nach Gott, seinem Willen und seinem Wohlgefallen. Das klingt zugegebenermaßen ziemlich schräg in einer Zeit, in der das Shopping-Prinzip zur Leitkultur aufgestiegen ist und der Mensch sich nicht mehr als Geschöpf, sondern als Kunde begreift, der Gott höchstens noch als Dienstleister akzeptiert. Die Botschaft von der Krippe, vom Kreuz und vom leeren Grab ist eine Zumutung für alle, deren Blick kaum weiter reicht als bis zum nächsten Einkaufsregal oder der neuesten Handy-App. Bei denjenigen, denen Gott für die Fülle des Seins die Augen geöffnet hat, geht der Blick in die Tiefe, die Weite, die Höhe. »Wohin sonst sollen wir gehen?«, fragen wir gemeinsam mit dem Apostel Petrus: »Nur du hast Worte des ewigen Lebens« (Johannes 6,67).

Literatur

Bailey, Kenneth E. Paul Through Mediterranean Eyes. Cultural Studies in 1. Corinthians. Downers Grove: IVP Academic, 2011.

Bellah, Robert N. Religion in Human Evolution. From the Paleolithic to the Axial Age. Belknap Press: Cambridge, 2011.

Berger, Jonah. Contagious. Why Things Catch On. New York: Simon & Schuster, 2013.

Bergler, Thomas E. The Juvenilization of American Christianity. Grand Rapids: William B. Eerdmans, 2012.

Berns, Gregory. Iconoclast. A Neuroscientist Reveals How to Think Differently. Harvard: Harvard Business Press, 2008.

Brecht, Martin. Geschichte des Pietismus. 4 Bände. Göttingen: Vandenhoeck & Ruprecht, 1993–2004.

Brockman, John (Hrsg.). This Explains Everything. Deep, Beautiful, and Elegant Theories of How the World Works. New York: Harper Perennial, 2013.

Brown, Peter. Through the Eye of A Needle. Wealth, the Fall of Rome, and the Making of Christianity in the West, 350–550 AD. Princeton: Princeton University Press, 2012.

Cain, Susan. Quiet. The Power of Introverts in A World That Can't Stop Talking. London: Penguin, 2012.

Collins, Francis und Karl W. Giberson. The Language of Science and Faith. Straight Answers to Genuine Questions. Downers Grove: IVP Academic, 2011.

Dabhoiwala, Faramerz. The Origins of Sex. A History of the First Sexual Revolution. London: Penguin, 2012.

Dickerson, John S. The Great Evangelical Recession. 6 Factors that Will Crash the American Church ... and how to Prepare. Grand Rapids: Baker Books, 2011.

Douthat, Ross G. Bad Religion. How We Became A Nation of Heretics. New York: Free Press, 2012.

Duhigg, Charles. Die Macht der Gewohnheit. Warum wir tun, was wir tun. Berlin: Berlin Verlag, 2012.

Ehrenreich, Barbara. Smile or Die. Wie die Ideologie des positiven Denkens die Welt verdummt. München: Kunstmann, 2010.

Frykholm, Amy. See Me Naked: Stories of Sexual Exile in American Christianity. Boston: Beacon Press, 2011.

Geisler, Norman und Thomas How. Wenn Skeptiker fragen. Fragen an den christlichen Glauben. Dillenburg: Christliche Verlagsgesellschaft, 1996.

Gigerenzer, Gerd. Risiko. Wie man die richtigen Entscheidungen trifft. München: C. Bertelsmann, 2013.

Greenblatt, Stephen. Die Wende. Wie die Renaissance begann. München: Siedler, 2012.

Haidt, Jonathan. The Righteous Mind. Why Good People Are Divided by Politics and Religion. New York: Pantheon, 2012.

Hansen, Collin und Andrew David Naselli. Four Views on the Spectrum of Evangelicalism. Grand Rapids: Zondervan, 2011.

Holland, Tom. Im Schatten des Schwertes. Mohammed und die Entstehung des arabischen Weltreichs. Stuttgart: Klett-Cotta, 2012.

Hollinger, Dennis P. The Meaning of Sex. Christian Ethics and the Moral Life. Grand Rapids: Baker Academic, 2009.

Holt, Jim. Why Does the World Exist? An Existential Detective Story. London: Profile, 2012.

Hunter, James Davison. To Change the World. The Irony, Tragedy, and Possibility of Christianity in the Late Modern World. New York: Oxford University Press, 2010.

Joas, Hans. Glaube als Option. Zukunftsmöglichkeiten des Christentums. Freiburg: Herder, 2012.

Kahneman, Daniel. Schnelles Denken, langsames Denken. München: Siedler, 2012.

Keller, Timothy. Ehe: Gottes Idee für das größte Versprechen des Lebens. Gießen: Brunnen, 2013.

Labberton, Mark. The Dangerous Act of Loving Your Neighbor. Seeing Others Through the Eyes of Jesus. Downers Grove: IVP Academic, 2010.

Lewis, C. S. Yours, Jack. Spiritual Direction from C. S. Lewis. New York: Harper One, 2008.

Loader, William. Sexuality in the New Testament: Understanding the Key Texts. London: SPCK, 2010.

Luhrmann, Tanya M. When God Talks Back. Understanding the American Evangelical Relationship with God. New York: A. Knopf, 2012.

MacCulloch, Diarmaid. A History of Christianity: The First Three Thousand Years. London: Allen Lane, 2009.

Meyer, Joyce. Power-Gedanken. 12 Strategien für einen Sieg auf dem Schlachtfeld der Gedanken. Hamburg: Joyce Meyer Ministries, 2011.

Noll, Mark A. Jesus Christ and the Life of the Mind. Grand Rapids: William B. Eerdmans, 2011.

Peterson, Eugene H. Die Seele geht zu Fuß – glauben in einer beschleunigten Welt. Meditationen zu den Psalmen. Gießen: Brunnen, 2006.

Peterson, Eugene H. Practise Resurrection. A Conversation on Growing Up in Christ. Grand Rapids: William B. Eerdmans, 2010.

Peterson, Eugene H. Reversed Thunder. The Revelation of John and the Praying Imagination. San Francisco: Harper & Row, 1988.

Peterson, Eugene H. Mit den Pferden laufen: Verlockung zu einem leidenschaftlichen Leben. Gießen: Brunnen, 2003.

Peterson, Eugene H. The Pastor. A Memoire. New York: Harper One, 2011.

Peterson, Eugene H. Der verlorene Hirte: Wie Gott geistliche Leiter aus der Wüste führt. Witten: SCM R. Brockhaus, 2000.

Putnam, Robert D. und David E. Campbell. American Grace. How Religion Divides and Unites Us. New York: Simon & Schuster, 2010.

Regnerus, Mark und Jeremy Uecker. Premarital Sex in America. How Young Americans Meet, Mate, and Think about Marrying. New York: Oxford University Press, 2011.

Rieff, Philip. The Triumph of the Therapeutic. New York: Harper & Row, 1966.

Robinson, Marilynne. When I Was A Child I Read Books. New York: Farrar, Straus and Giroux, 2012.

Schirrmacher, Frank. Ego. Das Spiel des Lebens. München: Karl Blessing, 2013.

Seitz, Erwin. Die Verfeinerung der Deutschen. Eine andere Kulturgeschichte. Berlin: Insel, 2011.

Simon, Caroline J. Bringing Sex into Focus. The Quest for Sexual Integrity. Downers Grove: IVP Academic, 2012.

Smith, Christian. The Bible Made Impossible. Why Biblicism Is Not a Truly Evangelical Reading of Scripture. Grand Rapids: Brazos, 2011.

Smith, James K. A. Desiring the Kingdom. Worship, Worldview, and Cultural Formation. Cultural Liturgies Vol. 1. Grand Rapids: Baker Academic, 2009.

Smith, James K. A. Imagining the Kingdom. How Worship Works. Cultural Liturgies Vol. 2. Grand Rapids: Baker Academic, 2013.

Sweet, Leonard und Frank Viola. Jesus. A Theography. Nashville: Thomas Nelson, 2012.

Taleb, Nassim Nicholas. Antifragilität: Anleitung für eine Welt, die wir nicht verstehen. München: Knaus, 2013.

Volf, Miroslav. A Public Faith. How Followers of Christ Should Serve the Common Good, Grand Rapids: Brazos, 2011.

Winner, Lauren F. Still: Notes on A Midfaith Crisis. New York: Harper One, 2012.

Witherington III, Ben. New Testament History. A Narrative Account. Grand Rapids: Baker Academic, 2001.

Wright, Lawrence. Going Clear. Scientology, Hollywood, and the Prison of Belief. New York: A. Knopf, 2013.

Wright, N. T. After You Believe. Why Christian Character Matters. New York: Harper One, 2010.

Young, William P. Die Hütte: Ein Wochenende mit Gott. Berlin: Allegria/Ullstein, 2009.

Johannes Holmer, Eva-Maria Holmer

Ich weiß, dass Gottes Plan perfekt ist
Lydia – Ein Leben voller Vertrauen

Gebunden, 14 x 21,5 cm, 240 S.
Nr. 395.434, ISBN 978-3-7751-5434-5

Lydia, die Enkelin Uwe Holmers, starb im Alter von 28 Jahren. Bei den Straßenkindern in El Salvador begann ein langer Leidensweg mit der Diagnose Krebs. Doch ihre Freude, ihre Willensstärke und ihr Glauben bis zum Tod sind bis heute vielen ein großes Vorbild.

Markus Spieker

Faithbook
Ein Journalist sucht den Himmel

Gebunden, 10,5 x 16,5 cm, 160 S.
Nr. 395.347, ISBN 978-3-7751-5347-8

Glück auf Dauer, Liebe ohne Verfallsdatum, ewiges Leben ... Mit dieser Sehnsucht beginnt die Recherche des Journalisten Markus Spieker. Er fragt sich: Existiert das Paradies wirklich? Wie sieht es aus? Wie komme ich dahin? Ein Buch für Romantiker und Revolutionäre.